KB117531

나는 이런 창업가에 투자한다

스타트업이 반드시 알아야 할 9가지 투자 유치 노하우

임정민 지음

창업가들을 위한 완벽한 가이드

운동선수들은 올림픽 경기에서 좋은 성적을 거두기 위해 무수히 많은 연습 경기를 치릅니다. 연습 경기에서 선수들은 자신의 약점을 파악해 수정하기도 하고, 강점을 더욱 날카롭게 벼리기도 합니다. 올림픽 금메달을 두고 같은 시간 훈련하는 선수들에게 얼마나 효율적으로 연습 경기를 치르느냐는 메달의 색깔을 가르는 중요한 포인트입니다.

인생에도 그렇게 연습의 기회가 주어진다면 좋겠지만, 아쉽게도 인생의 모든 순간은 실전입니다. 창업도 마찬가지입니다. 그래서 투자자들이 창업가의 실패 경험을 높게 사는 것이겠지요. 지난 창업의 실패 경험이 이번 창업의 연습 기회가 되었을 거라고 생각하는 겁니다.

그래서 앞서 창업한 이의 경험, 창업가를 두루 보며 투자해온 투자자의 경험은 창업가들에게는 좋은 교재가 됩니

3

다. 다른 사람의 경험이 내 인생의 연습이 될 수 있으니 말입니다. 제가 임정민 500스타트업 파트너의 경험을 콘텐츠로 만들어야겠다고 생각한 이유입니다.

앞으로 더 많은 사람들이, 더 많이 창업할 겁니다. 몇 개의 대기업이 시장을 나눠 점유하던 제조업의 시대가 저물고 있습니다. 하나의 제품을 최적의 생산 방식으로 대량으로 생산하던 시대가 종언을 고하는 것이지요. 소셜미디어를 포함한 다양한 미디어의 발달로 사람들의 취향은 더 세분화되었습니다. 기술을 통해 사람들의 세분화된 수요를 만족시키는 사람은 시장에서 더 큰 파이를 가져가고 있습니다. 이른바 스몰 브랜드의 전성시대가 열린 겁니다. PC와 인터넷, 스마트폰이란 기술이 이런 변화를 가속화해왔다면 AI(인공지능)가, 그걸 기반으로 만들어진 스마트카 같은 다양한 기기가 그 바통을 이어받을 겁니다. 폴인이 '창업'을 디지털 트랜스포메이션 시대의 중요한 키워드로 보고 관련 콘텐츠를 만드는 것도 그래서입니다.

창업가들의 성공 스토리는 많습니다. 하지만 창업을 하려는 이들이 교본처럼 돌려보며 필요한 것들을 준비하고 스텝을 하나씩 밟아갈 수 있도록 가이드하는 책은 많지 않습니다. 임정민 링커의 〈창업가 연습〉(폴인 스토리북 타이틀)이 그 역할을 할 수 있다고 생각합니다. 고백하건대 지식 콘텐츠 플랫폼이라는 새로운 일을 시작했던 폴인에게는 그랬습니다.

이 책을 집어든 당신도 이 책을 통해 '연습 경기'를 치러보길, 그리하여 이 책이 아니었다면 지불했어야 할 다양한 비용을 아껴 꿈을 향해 한 걸음 더 나아갈 수 있길 바랍니다.

정선언 폴인 에디터

차례

fol:in editor's note   3

창업가들을 위한 완벽한 가이드

Prologue   11

성공하는 스타트업의 투자 유치법

01

투자를 받기 전 스스로에게 던지는
9가지 질문

투자자의 언어 읽어내기   18
창업가가 미리 고민해야 할 질문   22

왜 투자받는가

투자 유치의 이유　　　　　　　　　　34

언제 투자받을 것인가

투자의 타이밍　　　　　　　　　　46

얼마나 투자받아야 할까

투자금 결정　　　　　　　　　　58
고스트키친은 어떻게 10억을　　　　68
투자받았을까?

사업계획서는 어떻게 쓸까

회사소개서와 사업계획서의 차이   76

사업계획서를 쓸 때
놓치지 말아야 할 것들

창업가들이 쉽게 놓치는 것   92
세련된 사업계획서의 조건   98

훌륭한 피칭은 어떻게 하는가

스피드 데이트처럼 설득하라   106

좋은 투자자는 어떻게 알아보는가

국내 벤처캐피털 vs 해외 벤처캐피털　　**118**

투자자에게 어떤 이야기를 하는가

완료 기한(Closing date) 정하기　　**128**
평정심 유지하기　　**136**

투자계약서는 어떤 내용을 담는가

투자를 받기 전 알아야 할 법적인 내용　　**142**
본계약에 필요한 조항 1　　**148**
경제적 조건

본계약에 필요한 조항 2　　**159**
경영 참여 조건

투자받은 다음에는
무엇을 해야 하는가

투자 유치는 새로운 시작이다　　　　　　170

부록　　　　　　178

START 투자계약서

성공하는 스타트업의 투자 유치법

구글, 페이스북, 우버, 에어비앤비, 넷플릭스 등 이제는 글로
벌 기업이 된 실리콘밸리 스타트업들의 성공 뒤에는 벤처캐
피털의 투자가 있었다. 실리콘밸리뿐 아니라, 거의 모든 스타
트업들은 벤처캐피털의 투자 유치를 반드시 거쳐야 하는 성
장 과정으로 받아들이고 있다.

왜 벤처캐피털의 투자를 받아야 할까?

　　스타트업 스스로 초고속 성장을 이룰 수 있다면 가장 좋
겠지만 대부분은 자신의 회사를 더 빨리 성장시키기 위해 외
부자금을 받을 수밖에 없다.

　　투자를 받는다는 건 사업에 필요한 자금을 조달한다는
의미만 있는 건 아니다. 투자를 통해 좋은 사업파트너를 얻을
수 있고, 유치 과정을 통해 기업가치를 객관적으로 검증받을
수도 있다.

성공하는 기업을 만들기 위해 투자를 받는 것이 필수 요
건은 아니다. 하지만 투자 유치를 통해 더 큰 성공으로 가는
데 도움을 받을 수 있는 것은 분명하다. 이것이 바로 수많은
창업가가 훌륭한 벤처캐피털로부터 투자를 받고 싶어 하는
이유다.

투자를 받으려면 무엇부터 해야 할까?

투자 유치를 원하는 창업가들은 사업계획서는 어떻게 쓰
는지, 얼마나 투자 유치를 받아야 하는지, 투자자들은 어떻게
만날 수 있는지, 투자계약서는 어떻게 쓰는지, 피칭은 어떻게
하는지 등 궁금한 것들이 많다.

창업가 입장에서는 투자받기 위해 준비해야 할 것들이
많아서 힘들기도 하고, 투자자들이 왜 우리 사업이나 제품의
가치를 제대로 이해를 못하는지 답답할 때도 많다. 그럴 때는
어떻게 투자자를 효과적으로 설득할 수 있을까?

이야기가 잘 풀려서 막상 투자 계약을 진행해도, 거의
100여 쪽에 가까운 투자계약서를 받아들고는 도무지 무슨 말
인지 이해가 안 가 당혹스러울 때도 많다.

성공하는 사업계획서의 조건은 '스토리'

그렇다면 투자자를 설득할 수 있는 사업계획서는 어떻게 준비해야 할까? 멋진 표와 그림들로 잘 채워진 사업계획서가 있어야 할까? 투자자들이 모인 큰 행사(데모데이)에서 피칭을 잘해야 할까? 물론 멋진 사업계획서와 훌륭한 피칭을 할 수 있다면 좋겠지만, 성공적인 투자 유치는 사실 이것보다 갖춰야할 것들이 훨씬 많다.

단순히 자사 제품의 우수한 기능이나 기술을 화려하게 늘어놓는다고 투자를 결심할 투자자는 없다. 이보다는 시장의 문제와 크기, 이를 해결할 방법(아이디어, 기술, 사업모델 등) 그리고 이를 실행할 팀으로 설득력 있는 '스토리'를 만들어야 한다.

지금 내 책상 위에는 사업계획서가 수북이 쌓여 있다. 이 중에서 실제 투자 유치까지 성공하는 사업계획서는 극히 일부다. 과연 무엇이 다를까? 이 책은 그 이유가 궁금한 사람들을 위해 설득력 있는 사업계획서뿐만 아니라, 그 이면에 숨겨진 성공적인 투자 유치를 이끌어내는 다양한 방법을 정리

했다. 투자 유치를 앞둔 창업가들에게는 기초적인 질문들에 대한 답이 되리라 생각한다.

2019년 여름, **임정민**

스타트업 투자 유치의 주요 인물

: 창업가

지수함수 성장(Exponential growth)을 추구하는 혁신적인 스타트업 창업가. 투자 유치를 위해 적극적으로 벤처캐피털을 만나고 피칭을 하는 사람.

: 투자자

혁신적인 초기 스타트업에 투자를 하는 벤처캐피털리스트. 합리적으로 펀드를 운용하며 시장에 보편적으로 적용되는 투자 계약·규칙에 따라 투자하는 사람. 이 책에서는 초기 스타트업에 주로 투자하는 벤처캐피털을 다룬다(성장기·후기·Pre-IPO 단계에 투자하는 벤처캐피털의 프로세스는 조금 다를 수 있다).

: 변호사, 회계사

창업가에게 투자 계약과 관련해 법률 자문, 회계 및 세무 자문을 해 주는 사람.

: 조언자

창업가에게 전반적인 투자 유치 과정과 전략에 대해 조언을 해 주는 경험이 많은 사람. 멘토 혹은 자문이라고 하기도 한다. 일반적으로 이미 투자 유치 경험이 많은 선배 창업가가 조언자 역할을 해 주는 경우가 많지만, 드물게는 투자 유치 건과 직접 관련이 없는 제3의 벤처캐피털리스트가 조언을 해 주는 경우도 있다.

투자를 받기 전
스스로에게 던지는
9가지 질문

투자자의 언어
읽어내기

나는 투자자다. 초고속 성장 가능성이 있는 초기 스타트업에 투자하는 것이 나의 일이다. 2000년대 중반에는 소프트뱅크 벤처스에서 많은 인터넷 기업들에 투자했다. 지금은 샌프란시스코에 본사를 둔 벤처캐피털 500스타트업(500 Startups)에서 파트너로 투자를 하고 있다.

나는 창업가이기도 하다. 2000년 초기 멤버로 입사했던 실리콘밸리의 스타트업은 2006년 HP에 매각됐고, 2010년 게임회사를 창업해 글로벌 시장에 게임을 출시하기도 했다. 두 회사 모두 업계에서 존경받는 벤처캐피털로부터 꽤 큰 금액을 투자받기도 했다. 두 번째 회사의 경우 투자심사역으로 일하다 창업을 해 투자 유치가 그나마 조금 용이했지만, 역시 투자 유치란 많은 노력과 고민이 필요한 어려운 과정임에 분명하다.

투자자의 언어란

창업가가 투자를 유치할 때는 무엇보다 투자자의 언어와 생각을 이해하는 것이 중요하다. 초보 창업가는 자신의 제품과 사업 아이디어를 파는 데만 몰두한 나머지 정작 투자자가 투자 의사 결정을 내리는 데 필요한 고민과 사고의 과정은 깊게 생각하지 않는다. 상대방 입장에서 조금만 고민해 보면 무엇이 일의 진행을 막고 있는지 명확히 보인다.

투자자의 귀를 사로잡는 마법의 키워드

창업가들이 투자자로부터 "투자하고 싶어요"라는 멋진 말을 듣게 되는 비결은 무엇일까. 훌륭한 사업계획서? 사업계획서만 잘 쓴다고 투자 유치가 잘되는 것도 아니다. 보기에는 훌륭한 사업계획서라도 실제 투자 유치까지 이어지지 않는 사례가 훨씬 많다. 투자자를 매혹시키는 피칭? 설령 어눌한 피칭이라도 분명 투자자의 귀를 사로잡는 마법의 키워드들이 있다. 그 외에도 아이디어·기술력·제품·팀 모두 투자자들이 신경 써서 살펴보는 항목들이다.

이처럼 누구나 섣불리 "투자자는 이래서 투자한다"고 말하기 어렵다. 벤처캐피털리스트가 단순히 제품이나 아이디어가 좋아서, 또는 사업계획서가 완벽해서 투자하는 경우는 거의 없다. 그렇다면 벤처캐피털이 투자를 결정하는 가장 중요한 동기는 무엇일까? 이 질문에 대한 답을 구하는 과정은 그리 쉽지 않다. 투자자마다 각기 다른 생각이 있고, 또 투자회사마다 다른 의사 결정 과정을 따르기 때문이다.

도대체 어떻게 투자자를 설득할 수 있을까? 어떻게 투자자를 설득하여 창업가와 회사가 원하는 목표를 이루는 데 더 가까이 갈 수 있을까? 무엇보다 일방적으로 회사의 제품이나 서비스, 시장 규모 등을 설명하는 것보다 일단은 투자자의 언어를 아는 것이 중요하다. 그들이 알고 싶어 하는 것들을 그들의 언어로 설명해 주는 것이 무엇보다 투자자를 효과적으로 설득하는 방법이다.

이 같은 방법은 창업가에게도 새로운 시각으로 자신의 사업을 돌아보게 한다는 점에서 큰 도움이 된다. 단지 제품을 개발하는 데 필요한 자금을 구하기 위해 투자자를 쫓아다니는 것보다 우리가 왜 투자를 받아야 하는지, 왜 지금 받아야 하는지, 또 얼마나 받아야 하는지, 왜 이 조건에 투자받아야 하는지, 투자금은 어디에 써야 하는지 등 많은 질문들에 대한 답변을 할 수 있게 되기 때문이다.

창업가가 미리
고민해야 할 질문

기업을 이끄는 리더, 혹은 새로운 사업을 시작한 창업가가 투자 유치에 나서기 전, 반드시 스스로에게 해야 하는 9가지 질문이 있다.

첫째, 왜 투자받는가?

일단 왜 벤처캐피털로부터 투자를 받아야 하는지, 왜 반드시 그 벤처캐피털리스트여야 하는지 스스로 질문을 던져야 한다. 생각보다 수많은 창업가들이 연구개발비를 확보하기 위해, 제품을 개발하기 위해, 또는 회사에 자금이 충분하지 않아 생존하기 위해 벤처캐피털의 문을 두드리게 된다.

하지만 무엇보다 창업가는 벤처캐피털로부터 투자를 받는 이유를 '회사의 성장'에서 찾아야 한다. 단순히 현상유지를 위한 투자 유치는 투자자뿐 아니라 창업가에게도 부정적이다.

창업가는 스스로에게 이런 질문을 던져야 한다. 창업가의 다음 단계 목표는 무엇일까? 벤처캐피털의 투자로 기업이 설정한 다음 목표까지 가는 속도를 더 빠르게 할 수 있는 방법은 무엇일까? 또는 그 목표보다 훨씬 더 높은 목표에 도달할 수 있는 방법은 무엇일까? 벤처캐피털의 투자가 기업의 성장을 보여주는 완벽한 J커브를 만드는 데 도움이 되는 최고의 방법은 무엇일까? 바로 이런 것들이 투자를 요청하는 목적이어야 한다.

창업가의 설득을 기다리는 테이블 반대편에 앉아 있는 벤처캐피털리스트가 왜 우리 회사에 투자해야 하는지에 대한 분명한 답변과 명분이 있어야 한다. 왜 경쟁하는 다른 스타트업이 아닌, 우리 회사에 투자해야 하는지 설득하는 논리가 있어야 하는 것이다.

둘째, 언제 투자받는가? 왜 지금 투자받아야 하는가?

기업이 투자를 받는 최적의 시점은 다양하게 생각해 볼 수 있다. 처음 창업했을 때, 어느 정도의 프로토타입 제품이 나왔을 때, 실제 제품이나 서비스를 시작하기 직전, 어느 정도 사업이 성장했을 때, 공격적으로 경쟁자들을 압박하며 규모의 경제를 이루어야 할 때, 상장하기 직전 등 사업의 성장 과정에서 투자 유치가 필요한 때가 여럿 있다. 이런 시점이 언제인지 알고, 투자 유치에 어떤 영향을 미치는지 미리 알아두는 것이 좋다. 창업가가 투자를 받는 최적의 시점이 언제일지 고민해봐야 한다.

셋째, 얼마나 투자받아야 하나?

투자받을 수 있는 금액이 얼마인지는 아마 대부분의 창업가가 가장 궁금해 하는 부분일 것이다. 과연 얼마나 투자받을 수 있는지, 좀 더 정확하게는 얼마나 투자받아야 하는지를 가늠하는 것은, 결국 내 회사의 기업가치(밸류에이션)가 얼마이며, 기존 주주들이 얼마나 지분 희석을 용인할 것인지에 대한 질문으로 변환된다.

예를 들면 우리 회사의 투자 전 기업가치가 90억 원이고, 이번 투자 라운드에 10억 원을 투자받는다고 가정해보자. 투자 전 창업가의 지분율은 100%였으나 투자 후 창업가의 지분율은 10% 감소하여 90%가 된다. 대신 투자자가 이번 투자를 통해 회사의 지분 10%를 확보하게 된다.

투자 전 기업가치는 무엇이고, 투자 라운드는 무슨 말이며, 지분 희석이 무슨 뜻인지는 앞으로 차차 설명할 테니, 지금 당장 잘 모르더라도 불안해하지 않아도 된다.

넷째, 사업계획서는 어떻게 쓰는가?

일반적인 경우 투자자를 만나기 전 대부분의 창업가들이 사업계획서나 회사소개서라는 문서를 이메일로 전달하며 검토를 부탁한다. 이미 아는 투자자가 아니라면 이 문서가 우리 회사와 팀을 알리는 가장 첫 단계이기 때문에 꼼꼼하고 인상 깊게 써야 한다. 그래서 창업가가 가장 신경을 쓰는 단계 중 하나이기도 하다.

한 가지 일러두고 싶은 것은 회사소개서나 사업계획서를 못 썼다고 해서, 피칭을 잘하지 못했다고 해서 투자를 받지 못하는 건 아니라는 점이다. 투자자 입장에서 보면, 훌륭하고 사업성이 밝은 회사인데 단지 사업계획서가 조금 서투르게 작성됐다고 해서 투자를 하지 않는 것이야말로 어리석은 결정일 것이다.

투자 유치의 성공은 단지 좋은 사업계획서를 쓴다고 해서 완성되는 것이 아니라 앞서 말한 '왜 투자받는가' '언제 투자받는가' '얼마를 투자받는가' 등 아홉 가지 질문에 대한 답변이 잘 맞아떨어질 때 완성되기 때문이다. 사업계획서가 모든 것을 좌우한다는 생각에 빠져서는 안된다.

다섯째, 훌륭한 피칭은 어떻게 하는가?

투자자가 사업계획서에서 좋은 인상을 받았다면 창업가에게 연락하여 미팅을 요청할 것이다. 운이 좋다면 이런 사업계획서 검토 과정을 거치지 않고 네트워킹 파티나 우연한 자리에서 투자자를 만났을 때 짧은 소개와 설명만으로도 투자자의 관심을 끌 수 있다(보통 이런 것을 엘리베이터 피칭이라고 한다. 엘리베이터에 타고 있는 짧은 시간 동안 상대방을 설득한다는 의미에서 나온 말이다).

투자자들과 대화할 때 혹은 투자자 앞에서 발표를 할 때 어떻게 커뮤니케이션해야 성공적으로 투자를 유치할 수 있을지에 대해서 알아본다.

여섯째, 좋은 투자자는 어떻게 알아보는가?

투자자만 창업가를 평가하는 것이 아니다. 창업가도 투자자를 평가할 수 있어야 한다. 투자자 중에서도 우리 회사에 더 도움이 되는 투자자가 있고, 그렇지 않은 경우도 있다. 그들의 제안이 우리 회사에 어떤 도움이 되는지, 우리 회사가 급속도로 성장하는 데 뒤에서 열심히 도와주는 투자자인지, 아니면 공짜 로켓을 얻어 타려는 투자자인지, 더 나쁘게는 로켓이 뜨지 못하도록 방해만 하는 방해꾼 투자자인지 알아보아야 한다.

일곱째, 투자자를 만나서 어떤 이야기를 하는가?

투자자와 본격적인 투자 협상에 들어갔을 때, 이미 선수인 그들과 달리 투자 유치를 처음 하는 창업가들은 당황하기 마련이다.

그들의 언어도 이해하기 어려울 뿐 아니라 진행 과정 내내 투자자가 이끄는 대로 끌려다니다 보니 어느 순간 투자 거절 통지를 받는 경우가 허다하다. 투자 유치를 성공적으로 마무리 지으려면 투자자들과 매일매일 어떤 대화를 나눌지를 고민해야 한다.

여덟째, 투자계약서에는 어떤 내용을 담아야 하는가?

투자자가 내민 계약서에는 온갖 복잡한 조항들이 있다. 크게 경제적인 조건들과 경영 참여에 관한 조건들로 나눌 수 있다. 여기서는 분명 변호사의 도움이 필요하지만, 창업가도 스스로 이 계약서에 나온 문구들이 무슨 의미인지 알면 협상을 이끌어 가는 데 큰 도움이 된다.

이 책에서 소개하는 중요 조항에 대해서 잘 알아두면 투자계약서를 이해하는 데에 큰 도움이 될 것이다.

아홉째, 투자받은 후에는 무슨 일을 해야 하는가?

투자를 받은 후, 많은 창업가가 간과하는 부분이 있다. 투자 유치에 성공하고 나면 그것으로 힘들었던 과정이 끝난 줄 알고 축하 파티를 열며 끝내버리는 경우가 있는데, 오히려 투자 유치를 마무리하는 날을 새로운 성장의 시작으로 인식해야 한다.

투자자가 생겼다는 것은 곧 우리 회사에 중요한 구성원이 생겼다는 뜻이며, 앞으로 이들과 같이 회사의 중요한 의사결정들을 해 나가야 한다는 뜻이다.

이는 마치 결혼과 같다. 힘든 연애 과정을 거쳐 결혼식을 치르고 나면 신혼집에서 삶의 동반자와 함께 새로운 살림을 시작해야 하는 것과도 비슷하다. 다만 투자자는 언젠가 투자금을 회수(Exit라 부른다)해야 하기에 이혼을 전제로 한 결혼 생활의 시작으로 이해하면 좀 더 쉽다.

이 책은 엔젤투자자나 벤처캐피털로부터 투자를 유치하려는 스타트업 창업가들에게 무엇보다 도움이 될 것이다. 최소한 사업계획서나 회사소개서라는 것을 한 번은 써 본 적이 있고, 벤처캐피털리스트에게 피칭을 한두 번은 해 본 창업가라면 이해가 쉬울 것이다.

처음 투자 유치를 받기 위해 준비한다면 무엇부터 시작해야 할지 몰라 막막하고, 준비하는 과정에서도 모르는 용어가 종종 나와 답답할 때가 많다. 많은 창업가가 질문하는 '시리즈(Series)A' '지분 희석' '지분표(Cap table)' '투자 전 기업가치(Pre-money valuation)' '우선매수권·공동매도권' 등의 용어에 대해서는 차차 설명하도록 하겠다. 차근차근 읽다 보면 투자 유치에 대한 자신감이 생길 것이다.

[Summary]

투자받기 전 창업가 체크리스트

1 왜 투자받는가

2 언제 투자받는가(왜 지금 투자받아야 하는가)

3 얼마나 투자받아야 하나(우리 회사의 기업가치는 얼마인가)

4 사업계획서는 어떻게 쓰는가

5 훌륭한 피칭은 어떻게 하는가

6 좋은 투자자는 어떻게 알아보는가

7 투자자에게 어떤 이야기를 하는가

8 투자계약서에는 어떤 내용을 담는가

9 투자받은 다음에는 무슨 일을 해야 하는가

02

왜
투자받는가

투자 유치의 이유

투자 유치가 성공을 위해 반드시 필요한 건 아니다. 투자가 필요한 시점이 오기 전 큰 매출을 일으켜 자기자본으로 재투자할 수도 있고, 대출이나 정부 지원금을 통해서 자금을 조달할 수도 있다.

최근에는 많은 스타트업들이 토큰공개(ICO)를 통해 수십억 원 이상의 자금을 조달하기도 한다. 하지만 그렇게 자금 문제를 해결했다고 해도 여전히 회사의 성장에 도움을 주는 조력자가 필요하다는 점은 변하지 않는다. 투자받는 이유가 반드시 돈 때문은 아니라는 얘기다.

지수함수 성장

벤처캐피털로부터 투자를 받는 스타트업은 지수함수 성장을 이루기 위해 고도로 효율화된 조직이다. 제품·시장 적합성(Product-Market-Fit)이 검증되었다면 벤처캐피털의 자금 투입이 스타트업의 성장을 크게 J커브로 만들며 가속시킬 수 있다. 대부분 이때 필요한 자본은 부모·형제에게 빌려서 조달하기에는 규모도 크고, 위험도도 높다(이들은 대부분 전문성도 없다).

지수함수 성장은 선형 성장(Linear growth)에 대비되는 말로, 자원을 투입하는 만큼만 성장하는 일반적인 기업들과 달리 혁신적인 기술이나 비즈니스 모델로 자원의 투입량보다 더 크고 빠르게 성장하는 기업들을 말한다.

변호사나 미용사는 대표적인 선형 성장 모델이라고 볼 수 있다. 이들은 시간을 투입하는 만큼 매출이 발생한다. 지수함수 성장의 대표 기업으로는 에어비앤비(Airbnb)와 우버(Uber)를 들 수 있다.

에어비앤비는 호텔 방 하나 소유하지 않고도 세계 최대 호텔 체인보다 훨씬 더 많은 숙박 건수를 처리하고 있다. 우버도 차량 한 대 소유하지 않고도 전 세계 여러 도시에서 고객에게 이동 수단을 제공하고 있다. 지수함수 성장을 하는 스타트업들의 공통점은 혁신적인 기술이나 비즈니스 모델이 있고, 제품·시장 적합성을 빠르게 찾은 후 급격히 고객 수를 늘렸다는 점이다. 이들의 사업을 도와주는 세계적인 벤처캐피털이 있었다는 점도 공통점이다.

투자 유치의 3가지 장점 : 현금, 사람, 검증

스타트업 창업가들은 빠르게 성장하기 위해 벤처캐피털의 투자를 원한다. 그렇다면 벤처캐피털의 투자가 주는 구체

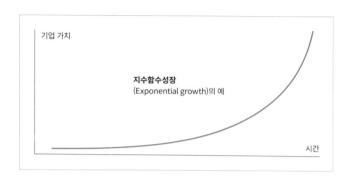

기업 가치

지수함수성장
(Exponential growth)의 예

시간

적인 장점은 무엇일까?

현금

첫째, 현금이 생긴다. 스타트업을 성장시키기 위해서는 인재, 창의적인 아이디어와 혁신적인 기술, 성장하는 시장과 그에 맞는 제품, 그리고 이를 실행할 현금이 필요하다. 이 중 현금은 벤처캐피털이 도와줄 수 있는 직접적인 요소다.

창업가는 회사의 주식을 파는 대가로 벤처캐피털의 현금을 받는다. 이 현금은 인재를 영입한다든가, 기술을 개발한다든가, 드문 경우는 다른 회사를 인수하는 데 쓰인다. 이렇게 현금을 투입해 회사의 성장을 더 크게(또는 더 빨리) 만들 수 있다.

벤처캐피털이 주는 현금은 스타트업의 '성장'을 위한 돈이지, '생존'을 위한 돈이 아니다. 단지 운영자금이 필요하다면 투자 유치에 나서지 마라. 벤처캐피털리스트가 자금을 대는 것은 스타트업이 10배 이상 성장해서 세상에 무언가 임팩트를 던지길 바라서지 겨우 생존하는 정도를 원해서가 아니다.

만약 창업가가 단지 운영자금을 충당하기 위한 목적으로 벤처캐피털의 투자를 유치한다면 다음 라운드에도 기업 가치를 성장시키지 못한 채 불리한 조건으로 또 다른 투자자의 돈을 받아야 한다. 그만큼 창업가의 지분이 희석될 뿐이다. 그런 라운드가 서너 번 진행된다면 결국 그 회사는 그 누구의 회사도 아닌, 목표를 잃은 좀비기업이 될 뿐이다.

투자자가 체크하는 '번레이트(Burn rate)'란 매월 지출되는 비용을 뜻하는데 이는 직원 급여와 부대비용, 사무실 임대료, 최소한의 광고·영업비 등을 포함한 지출을 뜻한다.

투자자들은 초기 스타트업의 '번레이트'에 매우 신경을 쓴다. 그렇다고 직원들 급여를 주지 말라는 뜻이 아니다. 투자받은 현금을 '성장'을 만드는 데 얼마나 효율적으로 사용하는지에 대해 신경 쓰라는 의미다.

아직 제품·시장 적합성을 찾지 못한 스타트업이라면 투

자자가 비용을 아껴서 '생존 가능성'을 높이라고 주문할 것이다. 하지만 제대로 해법을 찾아서 성장 변곡점을 통과했다면 적자를 두려워하지 말고 성장을 더 가속화시키기 위해 적극적으로 투자하라고 주문할 것이다. 자금이 모자라다면 추가 투자를 받을 수 있도록 적극 도와줄 것이다. 그러므로 벤처캐피털로부터 받은 돈은 전략적으로 잘 사용해야 한다.

사람

둘째, 사람을 얻는다. 투자자는 훌륭한 사업파트너다. 초기 스타트업에는 늘 인력이 부족하다. 기술과 제품 개발에 필요한 개발·디자인 정도의 핵심 인력을 제외하면 능력 있는 사람을 영입할 여유가 있는 스타트업은 몇 안 된다. 영업, 사업 개발과 제휴, 재무 등의 일은 벤처캐피털리스트가 효과적으로 도와줄 수 있다. 파트타임 컨설턴트처럼 투자자에게 일을 맡기면 수월하다.

특히 처음 투자를 받을 때는 '좋은 투자자'로부터 투자받는 것이 중요하다. 세쿼이어캐피털의 마이클 모리츠는 구글에 투자한 후 아직 학생 티를 못 벗어난 세르게이와 래리를 대신해 회사를 운영할 에릭 슈미츠를 사장으로 추천했다.

이처럼 좋은 투자자를 만나면 그들이 투자한 다른 성공적인 창업가들과 친해질 수 있고, 자연스럽게 이들의 도움을 받을 수도 있다.

실리콘밸리의 실력 있는 액셀러레이터이자 투자자인 와이콤비네이터는 그들만의 강력한 창업가 네트워크로 유명하다. 이 네트워크 안의 선후배 창업가들이 서로를 돕는 건 유명한 이야기다. 샌프란시스코에 본사를 둔 500스타트업 역시 전 세계에 있는 각 분야 수천 명의 창업가들이 네트워크로 촘촘히 엮여 있고, 그들끼리 서로의 노하우를 공유한다. 이는 초기 창업가가 실패를 덜 하고 좀 더 성공할 확률을 높이는 중요한 요소가 된다.

'사람(이 경우에는 투자자)'의 중요성은 아무리 강조해도 모자란다. 단지 돈이 필요해서 그 돈을 움직이는 사람에 대해 제대로 평가하지 않고 투자를 받아 고생하는 스타트업 창업가들을 여럿 보았다. 초기 투자자가 합리적이지 못한 방법으로 회사 경영에 간섭을 한다든지, 잘못된 조언을 준다든지, 후속 투자 유치를 방해한다든지 하는 식으로 회사를 곤경에 처하게 만들지도 모른다. 첫 투자자를 잘 유치하는 것이 무엇보다 중요하다.

검증

셋째, 투자 유치를 통해서 객관적 검증을 받을 수 있다. 시장에서 객관적인 기업가치를 인정받는 것 외에도 투자 유치 과정을 통해 '우리가 무슨 문제를 해결하려고 하는가?' '어떤 리스크가 존재하는가'와 같은 질문에 대해 스스로 돌아보는 기회를 얻는다.

제품 개발이나 초기 영업에 몇 달씩 매달리다 보면 창업 초기 질문했던 가장 근본적인 질문들을 잊어버리기 쉽다. 투자 유치 과정에서 투자자와 이야기를 하다 보면 '왜 창업했나' '우리의 비전은 무엇인가'와 같은 근본적인 질문에 대해 스스로 답을 다시 찾게 되는 경우가 많다.

벤처캐피털의 투자 유치는 성공의 필수 조건인가

그럼 벤처캐피털의 투자 유치가 꼭 필요할까? 물론 반드시 그렇지는 않다. 운이 좋아서 외부 투자가 필요한 시점이 오기 전에 큰 매출을 일으켜서 자기자본으로 재투자할 수도 있다(하지만 이런 경우는 극히 드물다).

기술보증기금 등 정책자금을 통해 대출을 일으키거나 연구과제나 정부 지원금을 통해서도 어느 정도 초기 자금을

조달할 수 있다. 최근에는 크라우드펀딩이나 토큰공개(ICO)
를 통해 수십억 원 이상 자금을 조달한 사례도 있다.

　다만, 여전히 회사의 성장에 도움을 주는 조력자가 많이
필요하다는 점은 변하지 않는다. 투자받지 않고서도 이들의
도움을 받을 수 있는 방법을 찾을 수 있다면 그것도 좋다.

　회사의 목표는 성공적인 투자 유치가 아니다. 외부 벤처
캐피털의 투자는 스타트업의 성공 확률을 높이거나, 더 빨리
혹은 더 크게 성공시키기 위한 여러 방법 중 하나일 뿐이다.

[Summary]
투자를 받는 세 가지 목적
첫째, 성장을 위한 현금 확보
둘째, 좋은 사업파트너
셋째, 객관적인 사업 검증

창업가의 생각	투자자의 생각

· 왜 벤처캐피털의 투자 유치가 필요한가?
· 이번 투자 유치로부터 기대하는 것은
  무엇인가?
	· 왜 이 시장에 투자해야 하는가?
	· 왜 이 팀에 투자해야 하는가?
	· 이 팀이 투자를 받으려는 이유는
	  무엇일까?
	· 우리 회사는 투자 후에 이 창업팀을
	  잘 도와줄 능력이 있는가?

03

언제 투자받을
것인가

투자의 타이밍

투자 유치에 나서는 적기는 언제일까? 무엇보다 회사의 성장 곡선과 자금 사정을 잘 예측해서 미리 준비해야 한다. 막상 돈이 떨어져서 투자자를 급하게 구하다 보면 사기꾼들과 거래할 수밖에 없다. 훌륭한 투자자의 돈을 받으려면 지금 당장 돈이 급하지 않을 때 투자를 유치해야 한다.

일단 벤처캐피털의 투자를 받기로 방향을 정했다면 그 다음 질문은 '언제 투자받아야 하나'일 것이다. 이는 스타트업의 성장 곡선 그리고 기업가치와 깊은 관계를 가지고 있다. 처음 시작하자마자 100억 원 정도 투자를 한꺼번에 유치해 놓고 시작한다면 좋겠지만, 현실적으로는 거의 불가능할 뿐 아니라 가능하다 하더라도 현명한 방법은 아니다. 왜 그럴까?

스타트업의 성장 단계

스타트업은 여러 성장 단계를 거친다. 간단하게 알아보자.

창업 단계(Bootstrap stage)

최초의 팀과 아이디어가 형성되는 시기를 말한다. 보통 이 시기는 창업가가 직접 자본을 대고 외부 투자를 받더라도 친인척이나 친구, 엔젤 투자자가 대부분이다. 회사가 해결하

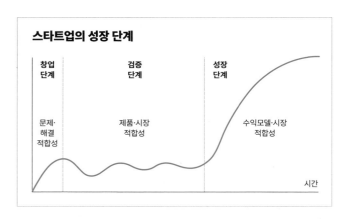

스타트업의 성장 단계

창업 단계	검증 단계	성장 단계
문제· 해결 적합성	제품·시장 적합성	수익모델·시장 적합성

시간

고자 하는 문제를 정확히 파악하고 해결책이 적절한지 검증
하는 단계다. 문제·해결 적합성(Problem-Solution-Fit)을 찾는다
고도 한다.

검증 단계(Validating stage)

문제와 해결 방법을 찾았다면, 제품을 개발하고 제품·
시장 적합성(Product-Market-Fit)을 찾아야 한다. 린스타트업
(Lean startup)* 모델을 도입하거나 다른 적절한 방법으로 빨
리 최소 기능 제품(MVP, Minimum Viable Product)을 개발하고

---

* 제품이나 비즈니스 모델을 최소 비용으로 최대한 빨리 개발하는 개발방법론으로, 시
장에 대한 가정을 정의하고 최소 기능 제품으로 테스트를 반복하는 과정을 포함한다.

여러 번의 실험을 거쳐 적합한 시장과 제품을 찾아가는 시기다. 이 시기에는 여러 번 벤처캐피털의 투자를 받아서 필요한 자금과 전략적 파트너를 확보한다. 투자 단계에 따라 시드(Seed) 단계, Pre-series A, Series A, Series B 등 더 구체적으로 말하기도 한다.

보통 이 시기에는 충분한 매출이 나지 않기 때문에 비용(Burn rate)을 최소로 하고 현금과 자원을 최대한 효율적으로 쓰는 데 신경 써야 한다.

성장 단계(Growth stage)

시장에서 먹히는 제품을 확보했다면 최대한 빨리 시장 점유율을 높이고 매출과 이익을 늘리는 데 집중해야 한다. 보통은 이 시기에 적자를 탈출해 흑자로 전환하고 기업가치가 J커브로 올라간다.

때로는 더 큰 성장을 하기 위해 적자를 감수하면서 더 과감하게 인프라나 연구개발 또는 마케팅에 투자하기도 한다. 이 시기에는 후기 투자자(Later stage venture capital)나 사모펀드 등에서 투자를 받는다. 초기에 투자했던 엔젤 투자자나 초기 벤처캐피털들은 이 시기에 지분을 팔고 투자금을 회수하기도 한다.

기업공개(IPO)

회사가 충분히 커졌다면 공개 시장에 주식을 상장시키면서 자금을 모을 수 있다. 때로는 창업가의 개인적 의지와는 상관없이 기업공개를 해야만 하는 경우도 있다. 대기업과의 경쟁 이슈가 불거지거나 기업 경영에 대한 투명성을 요구하는 목소리가 나오는 경우가 그렇다.

투자자들이 창업가에게 상장을 요구하는 경우도 있다. 기업공개를 하면 더 많은 규제를 따라야 하지만, 또 더 다양한 방법으로 자금 모집을 할 수 있는 장점이 있다.

벤처캐피털의 투자 단계

벤처캐피털들도 스타트업의 각 단계에 따라 조금씩 다른 방법으로 투자한다.

시드(Seed) 단계

창업한 지 몇 달이 안 되었거나 아이디어만 있고 아직 적합한 제품이 없는 단계에서는 엔젤 투자자들이 보통 수천만~

5억 원 정도 내에서 투자한다. 엔젤 투자자가 초기 스타트업에 투자하는 벤처캐피털과 공동으로 투자하기도 한다. 보통 기업가치는 몇억 원에서 20억~30억 원 수준이다.

이때는 재무제표를 근거로 한 기업가치 평가 방법이 의미가 없으므로 해당 시장의 규모와 트렌드, 팀의 역량 등을 가지고 투자자와 협상해서 기업가치를 정한다.

투자 계약은 보통주를 주는 식으로 진행된다. 최근에는 SAFE(Simple Agreement for Future Equity) 또는 KISS(Keep It Simple Security) 같은 주식 전환 조건의 투자 계약을 체결한다.

SAFE & KISS

컨버터블 노트(Convertible note)는 우선 투자하고 성과가 났을 때 전환가격을 결정하는 오픈형 전환사채를 의미한다. SAFE와 KISS는 컨버터블 노트를 조금 더 간략화해 투자자와 창업가가 쉽게 체결할 수 있는 계약의 형태로, 초기 투자 계약서라고 보면 된다.

SAFE는 와이콤비네이터(Y Combinator)가, KISS는 500스타트업(500 Startups)이 각각 고안해서 공개했다. 500스타트업 한국에서는 엔젤 투자자들이 스타트업에 투자할 때 간단하게 사용할 수 있는 START라는 표준계약서를 개발해서 누구나 다운로드하여 사용할 수 있도록 했다. 자세한 내용은 부록을 참고하길 바란다.

시리즈 A와 성장 단계

제품·시장 적합성을 찾아 본격적으로 고객이 생기기 시작하는 단계에서는 벤처캐피털이 투자한다. 사업 분야와 회사마다 다르긴 하지만 시리즈 A에서는 보통 5억~50억 원 정도를 투자한다. 기업가치는 수십억~100억 원 이상 정도로 평가한다. 한 곳의 벤처캐피털이 투자할 때도 있고 여러 곳이 공동으로 투자하는 경우도 있다. 이때부터는 보통 상환전환우선주라는 우선주식으로 투자를 한다(상환전환우선주가 무엇인지는 투자계약서 편에서 설명하기로 한다).

언제 투자받는지는 어떻게 정하나?

투자자에게 투자 유치의 목적을 효과적으로 설명하기 위해서는 성장 곡선의 다음 단계에 대한 계획이 어느 정도 마련됐을 때 투자 유치에 나서는 것이 좋다. 예를 들어 시드 단계에서 시리즈 A로 넘어가는 경우라면 시리즈 A 투자자에

투자단계	투자금액	투자방식	기업가치	대표적인 벤처캐피털
시드 단계	수천만~ 5억 원 정도	보통주, START (해외에서는 컨버터블 노트, SAFE, KISS)	수억~ 수십억 원	500스타트업, 본엔젤스, 퓨처플레이
시리즈 A	수억~ 20억 원 정도 (최근에는 50억 원 정도 사례도 있음)	상환전환우선주	수십억~ 200억 원 정도	카카오벤처스, 스톤브릿지캐피탈, 코오롱인베스트먼트
시리즈 B	50억~ 200억 원 정도	상환전환우선주	200억~ 수백억 원	소프트뱅크벤처스, LB인베스트먼트, 한국투자파트너스, 포스코기술투자
이후	수백억 원	상환전환우선주	1000억 원 이상	STIC 인베스트먼트, 사모펀드들, 외국계 대형 벤처캐피털들

* 투자금액, 기업가치, 투자회사 이름 등은 예시일 뿐이고, 실제로는 변동될 가능성이 있음

게 우리 제품이 어떻게 제품·시장 적합성을 제대로 찾았는지, 충성 고객이 얼마나 늘어났는지(투자자는 이 단계에서 "유저 트랙션(User traction)이 어때요?"라고 질문하는데, 이 말은 단순한 고객 숫자를 넘어 구매전환율, 재구매율 등 충성도 지표가 궁금하다는 뜻이다) 등을 설명하면서 기업가치를 정당화해야 한다.

시드 단계에서 엔젤 투자자들에게 피칭하는 경우에는 우리 팀이 해결하고자 하는 시장의 문제가 무엇이고, 우리 팀

이 왜 잘 실행할 수 있는지에 대해 어필하는 것이 효과적이다.

보통 투자 유치에 최소 3개월에서 6개월씩 걸리기도 하므로 회사의 성장 곡선과 현금 상황을 잘 예측해서 준비해야 한다.

주의사항

다시 한번 강조하지만, 벤처캐피털은 '성장'하라고 돈을 준 것이지 '생존'하라고 준 게 아니다. 단순히 회사에 돈이 떨어져서, 운영자금이 필요해서, 생산자금이 필요해서 등의 이유로 투자를 받으려 하면 의미 있는 자금을 유치하기 어렵게 될지도 모른다.

운영자금 혹은 생산자금이 필요하다면 벤처캐피털이 아닌 대출 같은 다른 성격의 돈을 찾는 편이 훨씬 낫다.

창업가의 생각	투자자의 생각
· 왜 지금 투자받아야 하나? · 현재 우리 회사의 성장 단계는 어디쯤인가? · 향후 6개월 또는 1년 후 우리는 성장 단계의 어디에 있을 것인가? · 이번 투자 라운드 이후 투자 유치 전략은 어떻게 되는가?	· 회사가 좋기는 한데, 반드시 지금 투자해야 하는가? · 6개월 후에 다시 검토할 수 있는가? · 이번 투자 이후 다음 투자 라운드는 언제쯤이 될 것인가?

04

얼마나
투자받아야 할까

투자금 결정

자신의 스타트업이 어느 단계에 있는지, 그리고 언제 투자받을지 전략을 세웠다면 다음 질문은 '얼마나 투자받을까'다. 스타트업이 투자자로부터 얼마나 투자받느냐는 두 가지 요소를 고려한 후 결정돼야 한다.

· 다음 투자 라운드까지 필요한 자금은 얼마인가?
· 우리 회사의 기업가치는 얼마고, 투자자의 지분율은 얼마로 할 것인가?

예를 들어 휴대전화로 간편하게 신선식품을 주문하면 다음 날 새벽 문 앞으로 배달해 주는 스타트업을 이제 막 창업했다고 하자. 그리고 서울 강남구 일부 동네 주민을 대상으로 MVP(Minimum Viable Product)를 만들어 테스트한다고 가정하자.

앞으로 6개월 동안 초기 고객들이 얼마나 우리 제품을 좋아하는지 측정하기로 했고, 이를 위해 개발비와 마케팅비 등 비용이 약 4억 원 조금 넘게 들어갈 것으로 추정됐다. 그렇다면 이번에 투자를 받아야 하는 비용을 개발비 4억 원에 여유자금 조금 더해서 5억 원으로 정하면 적절하다.

5억 원 정도의 투자 금액이라면 엔젤 투자자, 초기 스타트업에 투자하는 벤처캐피털에 접근하여 투자를 유치할 수 있다. 보통 이 단계에서는 한 곳의 벤처캐피털만으로도 충분히 투자 금액을 채울 수 있는데, 드물게는 전략적으로 두세 곳으로부터 동시에 받는 경우도 있다.

다음 단계까지 필요한 비용을 근거로 투자 유치 금액을 구체적으로 정리하면 다음과 같다.

· 고객에게 무엇을 제공하고자 하는가 : 휴대전화로 간편하게 신선식품을 주문하면 다음 날 아침 집 앞까지 배달해 주는 서비스
· MVP : 웹사이트, 카카오톡 플러스친구, 페이스북 페이지, 인스타그램 채널을 오픈하고 이를 주문으로 연결하는 마케팅 캠페인(모바일 앱은 제외)
· 서비스 대상 고객 : 서울시 강남구 일부 지역에 거주하는 20~30대 가정
· 다음 단계로 넘어가기 위한 주요 지표 : 구매전환율, 재구매율, 객단가
· 예상 기간 : MVP 출시 후 6개월 이내

· 예상 비용 : 개발비 4억 원(개발 인력 포함)+마케팅비
1억 원

→ **투자 요청 금액 : 5억 원**

재무제표 예측

회계사의 도움을 받아 아무리 훌륭한 예상 재무제표를
만든다 하더라도 이는 어디까지나 예측치일 뿐이다. 특히 초
기 스타트업이라면 불과 1년도 지나지 않아 애초에 예상했던
재무제표가 턱없었다는 걸 깨닫는다.

투자자들도 초기에는 재무제표에 그리 신경 쓰지 않는
다(일부 초기 투자자들은 아예 그런 것을 보지도 않는다). 다만 향후
비용을 예상할 수 있는 요소들(인건비와 구성원 수 등)을 물어보
고 확인할 뿐이다. 그렇다면 창업가는 사업 초기 어떤 재무
적 지표를 예측해야 할까?

· 예상 매출 : 본격적인 J커브를 그리기 전까지는 0원으
로 예상하면 된다. 첫 달에 기대보다 높은 매출이 나왔
다고 해서 잠재적 투자자들에게 희망적인 예상 재무제
표를 주는 실수를 하지 마라.

· 월간 비용(Burn rate) : 인건비·고정임대료·마케팅비·외주
개발비 등 필수 비용을 합한 비용이다. 초기 스타트업
의 재무제표에 감가상각비(시간이 지나면서 공장이나 설비
같은 고정자산이 노후화하는 걸 반영하기 위해 자산의 원래 가격
에서 일정 금액을 빼는 것)와 무형자산은 전혀 의미가 없다.
초기 스타트업에게는 실제 현금 흐름이 중요하다. 감가
상각비와 무형자산 등은 당장 현금 흐름에 영향을 주
는 항목들이 아니기 때문에 오히려 재무제표를 볼 때
착시를 일으킨다.

예를 들어보자. 재무제표에는 개발비가 무형자산으로
잡히고, 컴퓨터와 서버 장비 등은 유형자산으로 기록된다.
특히 유형자산의 경우 몇 년 동안 감가상각비로 비용을 계산
하는데, 이는 스타트업의 실제와 다르다.
무형자산이든 유형자산이든 모두 당장 현금이 지불되었
다면 전액 비용으로 계산하는 것이 맞다. 당분간 현금과 당
장 현금화할 수 있는 유형자산 외에는 잊어버리도록 하자.

아래 월간 비용을 근거로 다음 단계까지 생존하기 위한 투자 유치 금액을 산출해보자.

· 향후 6개월간 월평균 인건비 :
  600만 원×8명×6개월=2억 8800만 원
· 사무실 임대료, 식대 등 복리후생비 :
  1200만 원×6개월=7200만 원
· 마케팅비 : 약 1억 원
· 합계 : 약 4억 6000만 원
→ **투자 유치 금액 : 5억 원**

그러나 이렇게 산정한 월간 비용은 어디까지나 예측치이기 때문에 창업가들은 "5억 원에서 7억 원 정도 투자를 유치하겠다"고 말하고 싶은 유혹에 빠지게 된다. 하지만 이는 창업가에겐 큰 차이가 아닐지 몰라도 어떤 투자자에게는 큰 차이가 될 수 있다.

투자 유치 금액에 따른 투자 의사 결정

최대 5억 원까지 투자할 수 있는 투자자의 경우 투자 유치 금액이 5억 원이라면 그 투자자가 혼자 투자 라운드를 완결할 수 있지만, 투자 유치 금액이 7억 원이라면 추가로 2억 원의 투자금을 찾아야 한다. 투자 유치가 실패할 수도 있다는 의미다.

또 3억 원을 투자할 의향을 가지고 있는 투자자라면 총 5억 원을 투자하는 라운드에서 3억 원을 투자하면 리드 투자자로서의 지위를 가지고 협상을 주도할 수 있지만, 7억 원의 투자 라운드에서는 마이너 투자자로 협상을 따라갈 수밖에 없다. 이는 투자 의사 결정에 큰 영향을 미친다.

단계적 성장

이후 이 스타트업은 앞서 말한 MVP 단계를 성공적으로 넘어 서비스 지역을 서울 전역으로 확대하기로 하고, 좀 더 제대로 된 모바일 앱을 개발하기로 했다. 또 익일 배송 서비스를 좀 더 효율적으로 제공하기 위해 서울 지역 2곳에 자체 물류센터를 짓기로 사업 계획을 세웠다.

매출이 발생하고, 매월 성장하기는 하지만 아직까지는 개발비와 마케팅비를 공격적으로 집행하는 단계이기 때문에 적자인 상태다. 이 계획을 실행하는 데 필요한 비용이 약

50억 원 정도로 예상된다면 이 금액이 투자를 유치해야 하는 금액이 된다(사업에 필요한 주요 인재 유치에 들어가는 비용도 포함한다).

만약 향후 6개월~1년 정도의 기간 동안 서울 전 지역 서비스에 성공한다면 그다음 단계는 전국 주요 거점 4곳으로 확장한다는 계획을 세울 수 있다. 20억~50억 원 정도의 투자 금액이라면 시리즈 A에서 시리즈 B 단계에 주로 투자하는 벤처캐피털들에 피칭할 수 있다. 한 곳의 벤처캐피털이 전액 다 투자할 수도 있지만, 2~3곳의 벤처캐피털이 공동으로 투자하는 경우도 흔하다. 다만 이때는 리드 투자자를 정해서 투자 조건 협상 진행을 주도하도록 하는 것이 좋다.

3년이 지나 이 스타트업은 전국적으로 사업을 제대로 성장시켜 취급하는 신선식품과 상품의 종류가 2000가지가 넘을 뿐 아니라 기존 오프라인 기반의 대기업들과 경쟁할 만큼 성장했다.

이제는 좀 더 큰 경쟁을 해야 할 시기가 왔다. 본격적인 경쟁과 시장 확장을 위해 들어가는 비용이 500억 원이라고 예상하고, 이를 외부 투자 유치를 통해 조달할 예정이다. 이때는 후기에 투자하는 벤처캐피털뿐 아니라 사모펀드도 투

회사의 성장 단계별 예상 투자 유치 금액

단계	시드 단계	시리즈 A	시리즈 B
매출 등 핵심지표	MVP를 통한 재구매율, 충성고객 전환율, LTV 등	서울 및 경기도로 확대 시 재구매율, 충성고객 전환율, LTV 등이 유지되는가? 물류센터 가동 후 물류서비스 품질, 원가	SKU 수, 고객서비스 품질, 매출과 영업이익 등
투자 유치 금액	5억 원	20억~50억 원	200억~500억 원

자에 관심을 가질 수 있다. 또한 회계 실사 등이 광범위하게 진행되고 변호사·회계사 등 많은 사람들의 전문적인 도움이 필요하다. 이런 경우 회사 내에 IR(Investor Relations)팀과 같은 투자 유치와 투자자 관계를 전담하는 팀을 두기도 하니 참고하자.

창업가의 생각	투자자의 생각
· 다음 투자 라운드까지 필요한 자금은 얼마인가? · 우리 회사의 기업가치는 얼마인가? · 투자자의 지분율은 얼마로 할 것인가?	· 투자 유치 금액은 얼마인가? · 투자할 수 있는 금액은 얼마인가? · 투자 시 획득할 수 있는 지분율은 어느 정도인가?

고스트키친은 어떻게
10억을 투자받았을까?

'고스트키친, 500스타트업 등으로부터 10억 원 투자 유치'와 같은 기사를 볼 수 있는데, 사실 기사 제목만으로는 이 투자 유치가 어떤 의미인지, 또 잘된 것인지 알기 어렵다.

창업가와 투자자에게 더 중요한 정보는 단순한 투자 금액보다는 기업가치와 창업가의 지분율 그리고 투자 조건 등이지만, 이런 정보는 대부분 비공개로 하기 때문에 알기 어렵다.

고스트키친은 왜 10억 원을 투자받았을까? 10억 원이 고스트키친에게는 작은 금액일까, 큰 금액일까? 10억 원 투자를 받는 대가로 기존 주주들의 지분은 얼마나 줄어들었을까?

투자 전·후 기업가치

먼저 투자 전 기업가치(Pre-money valuation)와 투자 후 기업가치(Post-money valuation)에 대해 알아보자(실제로는 옵션 풀 등 지분 희석 요소를 고려해야 하지만 여기서는 단순화하기 위해 생략한다).

예를 들어 고스트키친의 투자 전 기업가치가 90억 원이고, 투자 금액이 10억 원이라면 투자 후 기업가치는 100억 원이 된다.

투자 전 창업가의 지분율이 100%라고 가정한다면 이

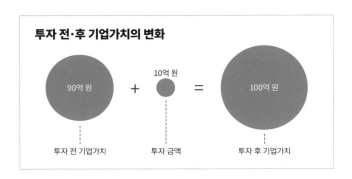

투자 전·후 기업가치의 변화

90억 원 + 10억 원 = 100억 원

투자 전 기업가치 | 투자 금액 | 투자 후 기업가치

투자로 인해 창업가의 지분율은 90%로 내려가고(이를 지분 희석되었다고 한다), 투자자의 지분율은 10%가 된다.

투자 전 지분 구성	투자 후 지분 구성
창업가 100%	창업가 90% 투자자 10%

위 예시에서 투자자가 투자 금액을 15억 원으로 늘리겠다고 한다면 어떻게 될까?

투자 전	투자 금액	투자 후
기업가치 90억 원(A) 창업가 100%	15억 원(B)	기업가치 105억 원(A+B) 창업가 85.7% 투자자 14.3%

투자 금액을 5억 원 늘림으로써 투자자는 4.3%의 추가 지분을 얻게 된다(창업가의 지분은 같은 양만큼 줄어들게 된다).

앞의 표를 이해했다면, 투자 금액을 정할 때 중요한 기준은 '창업가가 얼마만큼 지분을 양보할 수 있는가?'가 된다는 말을 이해할 수 있을 것이다. 다만 오해하지 말아야 할 게 있다. 이 같은 과정이 '더 많은 지분을 취득하려는 욕심 많은 투자자'와 '지분과 경영권을 방어하려는 창업가'의 싸움을 의미하지 않는다는 점이다.

지분 희석 시 고려할 사항

창업가가 지분 희석을 계산할 때 고려할 사항은 단지 이번 라운드의 투자만이 아니라 '앞으로 여러 번 투자를 받은 이후에 창업가의 지분이 얼마나 남아 있을 것인가'다. 앞서 말한 스타트업이 시드 단계 투자로 5억 원, 시리즈 A 투자로 50억 원, 시리즈 B 투자로 500억 원을 투자받았다고 가정해 보자. 다음 표처럼 각 단계마다 다음과 같은 기업가치를 인정받아서 투자받았고, 그 외 지분 희석 요인이 없었다고 단순화해서 가정한다면 창업가의 최종 지분율은 41% 수준으로 떨어진다.

각 투자 라운드 이후 창업가의 지분율 변동			
	시드 단계	시리즈 A	시리즈 B
투자 후 기업가치	20억 원	150억 원	3000억 원
투자 유치 금액	5억 원	50억 원	500억 원
창업가의 지분율	75%	50%	41.65%

창업가의 지분율 유지

그렇다면 창업가는 얼마의 지분율을 유지해야 할까? 보통 초기에는 공동 창업자들의 지분의 합을 3분의 2 이상 확보하는 것이 좋지만, 이마저도 정답은 없다. 어느 경우는 이보다 높기도 하고, 이보다 훨씬 낮지만 훌륭히 성장시키는 경우도 여럿 있다.

산업 분야에 따라서도 다르다. 비교적 초기에 비용이 덜 들어가고 성장이 빠른 인터넷 서비스나 상거래 분야의 경우는 창업가의 지분율이 높은 편이고, 반도체나 바이오 등 초기 개발 비용이 많이 들어가는 분야는 상장 직전 창업가의 지분율이 불과 몇 %인 회사도 있다. 어쨌거나 여기서 중요한 것은 투자 라운드가 거듭될수록 창업가의 지분율은 희석되어 줄어든다는 것을 고려해야 한다는 점이다.

반대로 초기에 높은 밸류에이션을 인정받아서 창업가의 지분율을 최대한 높게 유지하는 것이 좋을까? 그렇지는 않다. 이런 경우에는 후속 투자에 어려움을 겪기도 한다. 따라서 초기부터 밸류에이션 인플레이션을 일으키지 않도록 사려 깊게 산정해야 한다.

05

사업계획서는
어떻게 쓸까

회사소개서와
사업계획서의 차이

사업계획서는 크게 두 종류가 있다. 회사 내부 공유 목적으로 앞으로 사업을 어떻게 전개할 것인가를 설명하는 문서와 투자 유치나 전략적 파트너 유치를 목적으로 쓰는 문서가 있다. 두 가지 문서가 본질적으로는 같은 내용을 설명하지만, 누가 읽느냐에 따라 조금씩 강조하거나 단순화시키는 부분이 있다. 여기서는 벤처캐피털리스트가 궁금해 할 만한 내용을 중심으로 사업계획서를 쓰는 방법을 설명한다.

투자자에게 보여줄 사업계획서

회사소개서와 사업계획서는 목적이 다른 문서다. 회사소개서는 주로 영업이나 일반적인 목적으로 우리 회사의 제품이나 현황을 소개하기 위함이다. 이와 달리 사업계획서는 제품이나 보유 기술에 대한 설명보다는 전체 시장 상황과 진출하고자 하는 시장, 시장의 문제점, 우리의 해결 방법, 개발 계획, 영업 계획, 자금 조달 계획 등 중요한 전략적 의사 결정과 계획을 포함하고 있다. 사업계획서의 독자는 회사 내부와 주요 투자자다.

투자자에게 보여줄 사업계획서에는 아래 내용들이 포함되어야 한다.

- 시장의 문제와 크기
- 회사의 해결 방법, 제품, 서비스
- 팀 소개
- 투자 요청

기본적으로는 위 네 가지 사항을 위주로 정리하되 슬라이드 기준으로는 10~30장 정도, 문서 기준으로는 10장 정도면 충분하다. 기본은 간단하지만 '설득력 있게 잘 쓰는 것'은 어렵다. 투자자들의 관심을 끄는 사업계획서는 어떻게 쓰는지 알아보자.

사업계획서는 회사가 해결하고자 하는 시장의 문제점 설명으로 시작하면 좋다. 이미 널리 알려졌거나 투자자가 이미 잘 알고 있는 문제점이라도 다시 한번 체계적으로 정리해 주면 된다. 창업팀의 깊은 통찰력을 보여 줄 수 있으면 투자자에게 깊은 인상을 줄 수 있다.

우버의 사업계획서

2008년 우버의 창업 초기 사업계획서를 보면, 시장의 문제점을 설명한 페이지에 당시 미국 택시업계는 독과점으로

UberCap **The Modallion System***

· **Taxi-monopolies reduce quality of service**
- Medallions are expensive, and drivers underpaid

- Medallions cost ~$500k, drivers make 31k
- No incentive/accountability for drivers/clients
· Digital Hail can now make street hail unnecessary

우버가 2008년 사업계획서에서 분석한 택시 시장의 문제점
* modallion system이란 미국 대도시의 택시 면허를 뜻한다.

인해 서비스 품질이 낮으며 기사들은 돈을 벌지 못하고 있다
고 쓰여 있다.

자란다의 사업계획서

아이 돌봄이 필요한 가정과 대학생 선생님을 연결해 주
는 '자란다'의 초기 사업계획서를 보면, 문제를 크게 세 가지
로 나누어서 설명하고 있다.

현재 시장에 존재하는 어린이 돌봄 서비스의 문제점은
첫째, 서비스 인력이 전문성이 없다고 분석했다. 제대로 된
유아 돌봄이나 교육에 대한 전문성 없이 단순 시간 때우기를

Existed Problems

0~5세 위주, 가사와 보육을 겸하는 중장년 여성 인력이 전화와 방문면접을 통해
구직을 하는 유료 직업소개소 형태의 서비스

[전문인력 부재]　　[불편한 구인과정]　　[불안한 채용]　　[비효율적인 인력관리]

**50~60대
중장년
여성 중심**

**전화와
직접방문으로
확인**

**사전 검증 없는
채용**

**단방향
인력 관리**

· 아이와의
　제한적 소통
· 다양한 놀이
　및 학습에 대한
　전문지식 부족

· 온라인 검색 후,
　면접 및 이후
　진행은 전화와
　면대면 방문으로
　완전한 온라인
　시스템 부재

· 직접 여러 사이트와
　업체를 통해
　검색하거나 업체의
　매칭에 의존
· 면접과 검증은
　부모 책임
· 아이와 잘 맞는지,
　사전 검증 불가

· 중개업자의 역할은
　1회성으로 채용이
　달성된 후의 인력
　관리 및 체계 미비

출처 : 돌봄 선생님 매칭 서비스 '자란다'의 사업계획서(2017)

위한 돌봄 서비스가 많다고 판단했다.

둘째, 우리 아이와 잘 맞을지 또는 내가 원하는 스킬을 갖추었는지 미리 파악하고 매칭해주는 과정이 부재하다는 점을 꼽았다. 실제 돌봄 선생님을 선택할 때는 주변 지인의 추천을 통해서 받거나, 실제 대면해서 만나보기 전까지는 우리 아이와 놀아줄 돌봄 선생님이 어떤 놀이를 하는지, 공놀이를 좋아하는지 책 읽기를 좋아하는지 알기 어렵다.

셋째, 돌봄 선생님과 유아, 부모님의 데이터를 체계적으로 관리하는 서비스가 부재하다는 점을 지적했다. 대부분 돌봄 선생님의 소개와 구인구직에만 초점을 맞추고 있고, 실제 서비스의 품질이나 관리가 부실하다고 판단했다.

중요한 점은 이러한 문제점들이 나중에 각각 해결 방법을 제시하고 이를 통합한 제품이나 서비스로 구현될 것이라는 점이다.

수치 인용에는 집착하지 말자

보통 시장 규모를 이야기할 때 쉽게 구할 수 있는 시장 연구기관이나 기사에 나온 수치를 아무 생각 없이 인용하는데, 이는 잘못된 방식이다. 투자자나 이 업을 오래 해온 사람들은 이미 이런 수치들을 알고 있다고 생각해야 한다. 별다른 고민 없이 베껴 넣은 숫자는 오히려 창업자의 무지를 드러내어 공격당하기 쉽다.

넷플릭스를 창업한 리드 헤이스팅스(Reed Hastings)는 당시 비디오 대여업을 분석하면서 소매점 없이 우편배달만으로 운영하고 연체료도 없는 시장을 발견했다. 아마 애널리스트가 쓴 보고서를 인용했다면 이런 시장이 존재하는 걸 알지 못했을 것이다. 1980년 맥킨지컨설팅은 AT&T의 의뢰를 받아 만든 보고서에서 2000년 전 세계 휴대전화 시장은 100

만 대도 안 될 것이라며 모바일 시장에 진출하지 말라고 권고했다. 하지만 실제로 2000년에 전 세계 모바일 시장은 1억 대 이상으로 성장했고, 맥킨지의 예상은 100배 이상 차이로 틀렸음이 드러났다.

덧붙이자면 SWOT 분석이나 4P 분석처럼 경영학 원론에 나오는 것들은 넣지 않는 게 좋다. 사실 이런 분석은 제대로 하기도 어렵다. SWOT 분석은 결코 만만한 것이 아니며, 그것만으로도 컨설팅 회사에 의뢰할 만한 프로젝트가 된다. 갓 창업한 창업가가 대충 5분 생각해서 적은 내용은 투자자에게 금방 들킨다.

초기 스타트업의 시장 정의

아직 아이디어 단계에 있는 초기 스타트업일수록 시장을 정의하는 것이 중요하다. 해당 시장이 어떤 시장인지, 어느 정도 규모인지, 그 시장에서 이 창업팀이 1등을 할 수 있는지에 대한 구체적인 그림을 보여 줘야 투자자들은 안심한다.

단순히 맛집 정보만을 제공하는 정보 제공업인지, 아니면 실제로 주문과 배달까지 제공하는지, 아니면 더 나아가 자기 브랜드를 가지고 직접 판매하는지 등은 중요한 정보이고 전략적인 의사 결정이다.

또 해당 시장이 대기업 한두 곳이 장악하고 있는 시장인지, 아니면 수백 개의 작은 기업들이 공존하는 시장인지, 자유경쟁 시장인지, 아니면 정부의 규제로 진입 장벽이 높은 시장인지 등 시장의 속성을 잘 설명하는 것도 중요하다.

높은 가치 제공

온라인 푸드마켓 마켓컬리는 좋은 품질의 신선식품을 이른 아침에 문 앞까지 배송해 준다고 고객에게 약속했다. 음식을 신선하게 고객에게 배달하는 문제는 항상 시장의 큰 숙제였다. 마켓컬리는 고객이 밤늦게 주문하더라도 다음 날 아침이면 문 앞에 배송되도록 했는데, 이는 고객에게 큰 가치를 주었다.

마켓컬리는 이 문제를 해결함은 물론 추가로 배송 비용을 비롯한 여러 가지 문제도 한꺼번에 개선했다. 늦은 밤과 이른 새벽에만 배달하니 길이 안 막혀서 배송 효율이 올라가고, 아무도 보지 않으니 배송 트럭을 예쁘게 꾸며야 하는 수고와 비용도 절감할 수 있었다(얼마나 많은 배송 트럭들이 자신들의 브랜드를 알리기 위해 예쁘게 꾸미는지 생각해 보라).

UberCap **Key Differentiators**

· **Members Only** - Respectable clientele
· **1-click hailing** - "Pickup here in 5 mins"
· **Fast Response time** - easier than calling
· **Luxury automobiles** - Mercedes Sedans
· **Great drivers** - "Rate your trip" feature
· **High-tech solution :** Geo-aware auto-dispatch
· **Optimized fleet** - Logistical LBS software

우버가 2008년 사업계획서에 쓴 문제 해결책

해결책2 내 아이와 맞는 선생님을 추천 후, 지속적인 방문관리

아이 연령, 성향과 영어, 운동,   지속적인 **정기방문**을 위한   **연령별, 상황별, 활동별**
미술… **특기별에 따른 추천**   **일정관리, 대체선생님 제공**   육아와 교육 **코칭**

맞춤추천 → 방문관리 → 활동코칭

출처 : 돌봄 선생님 매칭 서비스 '자란다'의 사업계획서(2017)

2008년 우버는 사업계획서에 인터넷으로 택시 호출과 이동 경험의 질을 높이겠다고 썼다. 전화로 콜택시를 부르는 것보다 훨씬 쉽게 스마트폰에서 앱으로 택시를 호출하고, 스마트폰의 위치 정보를 이용해 정확하게 내 위치를 알려 주며, 기사에게 별점을 줌으로써 승차 경험을 관리하겠다는 해결 방법을 제시했다.

2017년 '자란다'의 사업계획서에는 부모가 아이 돌봄 선생님을 구하기 위해 일일이 검색할 필요 없이 조건에 맞는 선생님을 추천·매칭시켜 주겠다고 적었다. 여기에 더해 개인별 매칭 데이터를 통해 추천을 고도화함으로써 만족도가 높은 서비스를 제공하겠다고 했다.

명분과 스토리의 증명

사실 우리 회사의 기술이나 제품이 뛰어나다는 것을 설득하기는 쉽지 않다. 실제로 시장에서 검증되어야 하는데, 대부분은 그전에 투자 파트너를 설득해서 투자를 유치해야 하기 때문이다. 이때 가장 효과적인 방법은 창업가들이 이 일을 가장 잘해낼 사람들인가를 증명하는 것이다.

가령 스타트업이 하고자 하는 사업 분야에 따라 제약이나 유통, 마케팅 또는 전자공학 분야의 박사학위가 있다거나 특정 분야에서의 오랜 경험이 있다면 효과적인 설득이 가능하다. 하지만 가장 중요한 요소는 우리 팀이 어떻게 시장의 변화에 가장 잘 적응하고 문제를 해결하고 수많은 좌절과 실패에도 굴하지 않을 것인지를 보여 주는 것이다.

팀소개 **부모와 아동심리 상담 전문가가 함께**
기획하고 운영하며 이를 IT서비스로 해결 할 최적의 팀

사업전략 워킹맘	아동심리 선생님	빅데이터 전문 CTO
CEO	**Education Manager**	**CTO**
기획	교육	개발
·前 OO 디지털사업팀	·前 아동 인지, 학습 치료	·前 스타트업 CEO
·前 OOOO UX	11년	
	·前 부모 교육 프로그램	16년째 스타트업 창업자/
15년차 UX/서비스기획,	개발 및 운영	공동창업자로 활동 중. 순수
디지털사업전략가 워킹맘.		개발뿐만 아니라, 시스템 설계,
맞벌이 가정 자녀 양육의	**Operation Manager**	데이터 분석, 테크 리딩 등
어려움을 절감하여,		개발의 전 영역에 걸친 다양한
문제해결을 위해 시작한	운영	경험을 보유함으로 오프라인
자란다 대표 어머니 겸 CEO	·前 TEAM OO	비즈니스를 온라인화하는
	·前 OOO글로벌 등	역량을 갖춘 멀티플레이어 CTO
	다수 스타트업	

출처 : 돌봄 선생님 매칭 서비스 '자란다'의 사업계획서(2017)

또한 공동 창업자들이 서로 다른 분야의 전문가이면서도 합리적인 의사 결정을 하는 팀이어야 한다. 특히 초기 투자자들은 사업계획서에 적힌 제품이나 특정 기술, 창업가로서 당신과 공동 창업자들이 만들어낼 미래의 혁신에 투자하는 것이다.

'자란다'의 2017년 사업계획서를 보면, 각 멤버들이 아이 돌봄 서비스를 만들어야 하는 명분과 스토리가 드러나 있다.

— (이미지 내부 텍스트)

SEOULSTORE Use of Proceeding

Series B investment 45억 원

Operating Cost
· 15억 원(인력 충원, 스튜디오, 서비스 고도화 등)
· 2017년 누적 거래액 400억 원 달성을 위한 채널 운영 지원
· 개발인력(APP 개발, H5), MD, CS, 중국팀 등 운영인력 보강
· 홍보(운영)콘텐츠 및 PB제품 판매를 위한 촬영 스튜디오 시설 마련

Marketing Cost
· 15억 원(PR)
· 구매전환율이 높은 인플루언서의 매니지먼트 강화
· 타 유사 커머스들과의 차별화를 위한 공격적인 마케팅
· CMS(Contents Management System) 고도화

Inventory Purchase
· 10억 원(Private Brands)
· 전체 거래액 중 PB상품 판매비율 30% 이상 목표
· 디자이너 브랜드 개발과 PB전략화

New Business Development
· 5억 원(China Business)
· 중국 법인 설립(2017년 4Q)
· 중국내 왕홍 영입 및 플랫폼 확장 전략을 위한 현지 전문 인력 충원

출처 : 쇼핑플랫폼 서울스토어의 시리즈 B 투자 유치를 위한 사업계획서

투자의 조건 제시

마지막으로 투자의 조건을 제시하면 된다. '4장 얼마나 투자받아야 할까'에서 이야기했던 것들을 정리해서 쓰면 된다. 보통 현재 지분 구조(주주명부를 다 쓸 필요는 없다. 대략 창업가 몇 %, 임직원 몇 %, 엔젤 투자자 몇 %라는 식으로 알려주면 된다), 이번 라운드에서 유치하고자 하는 금액을 요약해서 쓰면 된다. 여러 명의 투자자가 있을 경우, 해당 투자자에게 요청하는 금액

과 조건은 써도 되고 따로 구두로 이야기해도 된다.

또 한 가지는 투자받은 돈을 어디에 쓸 것인지를 포함해야 한다. 재무제표에 자세하게 일일이 다 쓸 필요는 없지만, 대략 인재 영입·연구개발비·마케팅비 등 사업 계획을 수행하는 데 필요한 비용과 투자 내용을 쓰면 된다. 이 계획이 곧 투자자에게 왜 이만큼의 금액을 투자 요청하는지에 대한 명분이자 대답으로, 이것으로 사업계획서를 마무리하면 된다.

창업가의 생각	투자자의 생각
· 나의 지분을 얼마나 희석시킬 수 있는가?(내가 가져야 할 최소한의 지분은 얼마인가?) · 향후 추가 투자 유치 이후에 내 지분은 어느 정도가 될 것으로 예상되는가? · 이번 투자 유치 금액과 밸류에이션은 적절한가?	· 회사가 요구하는 밸류에이션과 투자 유치 금액이 적절한가? · 내가 리드 투자자인가, 아니면 리드 투자자를 따라가야 하는 투자자인가? · 향후 추가 투자 유치 가능성은 얼마나 있는가? · 다음 단계까지 가는 데 필요한 자금은 얼마인가? · 이번 투자 유치 금액으로 다음 목표 달성 가능한가? · 회사가 투자금을 어디에 쓰는가?

06

사업계획서를 쓸 때
놓치지 말아야 할 것들

창업가들이
쉽게 놓치는 것

어떤 일을 할 때 반드시 필요한 필수 조건이 있다면, 없어도 되지만 있으면 더 좋은 선택 조건도 있다. 앞서 사업계획서의 필수 조건을 알아봤다면 이번에는 있으면 좋은 조건을 알아보려고 한다.

선택 조건 중엔 맞춤법 검사처럼 기본적인 것이지만 의외로 창업가들이 놓치는 것들이 많다.

성장계획서를 써라

사업계획서에 아무리 거창한 계획을 써봐야 아무런 소용이 없다. 단 하나를 쓰더라도 실행했거나 실험해 보고 얻은 결과를 써야 한다. 실험 결과도 없이 온갖 말과 표만으로 아무리 거창한 숫자를 써봐야 공수표일 뿐이다. 사업계획서는 이런 실험 결과를 토대로 한 '성장계획서'여야 한다.

3~7세 아이들에게 대학생 돌봄 선생님을 매칭하는 서비스를 만든 '자란다'의 장서정 대표는 처음 아이디어를 내고 10명의 고객을 만나는 것부터 시작했다. 고객들을 일일이 만나서 자신의 제품과 비즈니스 모델을 실험해 보고, 의견을 듣고, 관찰하고, 수정한 후에 100명의 고객을 찾아서 같은 과정을 반복했다. 그러면서 많은 것들을 배웠고 지금은 처음의

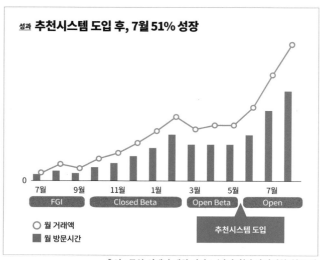

출처 : 돌봄 선생님 매칭 서비스 '자란다'의 사업계획서(2017)

사업계획서와는 많이 다른 비즈니스 모델을 만들게 되었다.

위는 '자란다'의 2017년 사업계획서 중 약 1년 정도 서비스를 진행하면서 만들어낸 결과를 나타낸 표다. 여러 가지 시도를 했다는 것과 함께 최근 돌봄 선생님 추천 시스템을 오픈하면서 전체적인 지표가 급성장했다는 것을 알려 준다.

많은 사람들이 이런 '전 단계 사업계획서'를 건너뛰고 무작정 머리에서 상상한 대로 엑셀만 열심히 해서 사업계획서를 쓴다. 이런 사업계획서는 상상 속에서 쓴 소설에 불과하다. 투자자들은 쉽게 쓴 사업계획서에 속지 않는다.

요약 버전 준비하기

보통 투자자와 약속이 잡히면 회사소개서 같은 자료를 미리 요청하는 경우가 많다. 심사역이 미팅 전에 이 회사에 얼마나 시간을 써서 미리 공부를 해야 하는지, 아니면 전문 지식이 있는 다른 심사역이나 파트너를 회의에 초대해야 할지 등을 가늠하기 위해서다.

창업가 입장에서는 아직 만나지도 않은 벤처캐피털의 심사역에게 회사 자료를 주는 것이 꺼림칙하기도 할 것이다. 우리 회사 정보가 유출되지 않을지, 더 심하게는 경쟁사에 자료가 넘어가지 않을지 등 여러 가지 걱정이 앞서는 것도 무리는 아니다.

하지만 벤처캐피털을 만나서 협상을 진행하기 위해서는 어쩔 수 없이 자료를 계속 줄 수밖에 없다. 자료를 주지 않으면 협상이 진행되지 않을 테니 투자도 될 리가 없다.

이럴 때는 먼저 요약 버전을 주는 것이 좋다. 그리고 미팅 전에 심사역에게 더 궁금한 것들이 있는지 미리 물어보고 준비하면 된다.

Executive Summary 1

문제점
보육과 교육이 함께 필요한 5~13세 학령기 자녀의 방과 후 공백
250만의 30, 40대 맞벌이 가정, 하지만 **0~5세 영유아 대비, 3%에
불과한 정부의 학령기 아동 돌봄예산.**
현재 솔루션은 조부모, 가사도우미의 단순 돌봄과 학원 뺑뺑이만 존재
결국, 조부모와 사교육으로 양분된 시장에서 적합한 솔루션을
찾지 못해 일을 그만두는 5~13세 자녀의 엄마들

솔루션
아이에게 맞는 선생님을 1:1로 추천하고, 정기방문을 관리하는,
유치원/초등학생 대상, 방문선생님 매칭 서비스

시장
· TAM 35 조_ 사교육 + 보육 시장
· SAM 11 조_ 유아동 사교육 + 보육시장
· SOM 3.3조_ 유아동 방문교육/과외 + 보육시장

고객
· 5~13세 아이 450만
· 대학생 200만 + 전문 방문교사 130만
· 30,40대 부모 500만 가정(맞벌이 가정 250만)

Executive Summary 2

경쟁력
· 부모가 일일이 검색 X, 조건에 맞는 선생님만 추천! **구매율 __%**
· 업계 유일한 정기 방문 및 지속률 관리,
  전체 방문 타입 중 **정기방문 비율 __%**
· **개인별 매칭 데이터를 통한 추천 고도화 ➜**
  아이 성장에 따른 ___ 추천

사업모델
· 방문 시간당 수수료 __%(정기방문 누적에 따른 매출 성장)
· **데이터 기반, ____ 수익모델의 매칭 플랫폼으로 확장**

지표
· **재방문율(Retention rate) __%**
· 정기방문 비율 __%
· (월)방문건수 ____건, 방문시간 ____시간(누적 시간 _____ 시간)
· (월)매출액 _____만 원

팀
· CEO_서비스 기획 및 전략
  (____사업전략 3년, ____UX 12년, 워킹맘 11년)
· CTO_추천 알고리즘 및 플랫폼 개발
  (개발 경력 17년/스타트업 창업 및 CTO 경력 다수)
· 데이터 분석, 기획(__명) / 교육 (__명) / 플랫폼 운영(__명)
  총 __명(상근__명, 비상근 __명)

'자란다'의 회사 요약 버전

실제 미팅에 들어가서는 제품이나 기술의 경쟁력, 그동안의 실적이나 성과, 자세한 팀 소개, 영업 진행 상황, 재무 상황, 그리고 투자 요청 조건 등이 포함된 자료를 가지고 이야기를 진행하면 된다(Executive Summary 1·2 참고).

협상이 잘 진행된다면 심사역은 추가 자료를 요청한다. 향후 매출이나 비용 추정과 그 근거, 기술에 대한 추가적인 자료, 영업 진행 상황을 확인하기 위한 서류들이나 고객사 면담 요청 등 꽤 구체적인 것들을 요청하니 그때마다 해당 자료를 제공하면 된다.

보통 투자자와의 미팅은 15~30분 정도면 끝난다. 길어도 1시간을 넘기지 않는다. 짧은 시간 안에 시장 상황, 제품, 기술, 팀, 영업 전략 등 전체를 다 설명하기 위해서는 요약해서 설명하는 수밖에 없다.

세련된 사업계획서의
조건

투자자에게 사업계획서를 전달할 때는 파워포인트나 키노트보다는 가급적 PDF 포맷으로 주는 것이 좋다. 상대방이 윈도즈 컴퓨터를 쓸지, MAC을 쓸지 모르기 때문에 범용 포맷인 PDF가 안전하다. 또 갑자기 PDF 문서가 안 열리거나 글씨가 깨질 경우를 대비해 페이지별로 이미지 파일을 따로 저장해 두는 것도 좋은 방법이다.

실제로 나 역시 급히 자료를 보여 줄 일이 생겼을 때, 문서를 열 때까지 오래 걸리는 PDF 문서보다 휴대전화 사진 앨범에 이미지로 저장해 두고 그때마다 사진 보여 주듯 자료를 보여 주기도 했다.

기본적으로는 분량과 상관없이 시장에 관한 내용, 해결하고자 하는 문제, 해결 방법(제품·서비스·기술 등), 팀, 투자 조건이 들어가 있다면 꽤 잘 작성된 사업계획서다. 아래 항목들을 좀 더 세심하게 신경 쓴다면 무척 세련된 사업계획서로 돋보일 수 있다.

표지 스타일

표지에는 날짜, 회사 이름, 담당자와 전화번호·이메일 등의 정보만 포함되어야 한다. 보통 주목을 끌기 위해 표지를 예쁘고 독특하게 디자인하려고 신경 쓰는데, 전문 디자이너의 도움이 없다면 오히려 프로페셔널해 보이지 않을 수도 있으므로 그냥 차라리 흰색(혹은 검은색)으로 남겨두는 게 낫다.

부가 정보는 첨부자료로

회사 연혁 같은 부가 정보는 모두 문서 가장 뒤에 나오는 첨부자료로 작성하라. 우리나라 회사들의 사업계획서 중 99%는 첫 페이지에 회사 연혁부터 나오는데, 과연 이게 가장 먼저 나와야 하는 정보인지 한번 곰곰이 생각해 볼 일이다. 굳이 '백년 삼대 장인정신'으로 시작하는 사업이 아니라면 연혁은 볼 필요도 없다. CEO 메시지·사훈·조직도 등도 모두 마찬가지다. 사업계획서에 반드시 넣어야 할 게 아니라면 과감히 생략하라.

로고는 한 번만 사용하자

페이지마다 회사 로고와 상표를 넣어야 할까? 로고와 브랜드를 과도하게 사용하면 사업계획서는 광고판처럼 보일지도 모른다. 뺄 수 있다면 각 페이지에서 회사 로고·주석·저작권 표시 등의 부가 정보를 빼라. 앞 표지나 뒤에 한 번 넣는 것으로 충분하다.

금기시될 용어

- 월드 베스트 : 무슨 근거로 '월드 베스트'인지 구체적인 증거를 댈 수 없다면 이런 말은 쓰지 않는 것이 좋다.
- 글로벌 리더 : '월드 베스트'와 마찬가지.
- 세계 최초, 세계 1등 : 구체적인 근거를 대야 한다. 예를 들어 '대한민국 1등 자전거'보다는 '2011년 판매 1위 자전거 브랜드'가 더 구체적으로 와 닿는다.
- 시너지 : 너무 추상적이다. 어떻게 도움이 되는지 구체적인 방법을 설명하는 게 좋다.
- 원천기술 보유 : 무턱대고 원천기술을 보유하고 있다고 말하기 전에 상대방이 납득할 수 있는 근거를 제시해야 한다. 보유하고 있는 특허나 보유 기술을 경쟁사 또는 세계 기술시장의 동향이나 비교지수 등과 비교하는 식으로, 개발한 기술이 정말 원천기술로 인정받을 만한 것인지를 스스로 입증해야 한다.
- Thank you : 마지막에 허무하게 날리는 'Thank you' 메시지 역시 없어도 된다.

마지막으로 누군가에게 보여 줄 사업계획서라면 최소한 맞춤법 검사는 하자. 모국어도 제대로 못 쓰면 신뢰도가 '10만 점' 정도 깎인다. 영어로 쓸 때도 마찬가지다. 콩글리시로 도배한 사업계획서는 오히려 안 쓰는 것이 낫다. 영어로 쓸 거면 단순 번역이 아니라 여러 나라의 독자들이 제대로 이해할 수 있도록 써야 한다.

창업가의 생각	투자자의 생각
· 맞춤법 검사는 했는가? · 핵심 내용은 앞쪽이나 각 장에 잘 설명되었는가? · 구체적이거나 추가적인 내용은 첨부 페이지로 준비되어 있는가?	· 객관적이며 논리적으로 설명하고 있는가?

07

훌륭한 피칭은
어떻게 하는가

스피드 데이트처럼
설득하라

본격적으로 투자 유치 단계에 접어들면 수없이 많은 투자자들에게 자신의 사업을 설명해야 한다. 데모데이(Demo day)같이 큰 규모의 무대에서 설명하기도 하고, 투자심사역과 파트너들이 앉아 있는 회의실에서 피칭하기도 하고, 카페 같은 곳에서 투자심사역과 단둘이 앉아서 1시간씩 이야기를 하기도한다.

피칭은 스피드 데이트다

투자자에게 하는 피칭은 마치 '스피드 데이트(애인을 찾는 사람들이 여러 사람을 돌아가며 잠깐씩 만나보는 형식의 행사)'에서 상대방에게 나를 소개하는 것과 유사하다. 창업가도 수십 명혹은 100명에 가까운 투자자들에게 사업을 설명해야 하지만, 듣는 상대방(투자자)도 하루에 수십 명의 창업가들로부터사업 설명을 들어야 한다.

창업가는 같은 말을 반복하지만, 투자자들은 사진 앱에서부터 반도체 기술·머신러닝·게임 심지어 헬스케어나 바이오 분야까지 넘나들며 하루 종일 새로운 설명을 듣고 이해해야 한다. 그래서 첫 마디, 첫 문구에서 투자자의 호기심을 끌지 못하면 관심을 얻기 어렵다. 창업가에게 주어진 시간은 단

1분이라고 해도 과언이 아니다.

눈높이 맞추기

벤처캐피털은 여러 창업가를 만나기 때문에 모든 분야에 전문가일 것 같지만, 전혀 그렇지 않다. 하루에도 패션 쇼핑몰·모바일 데이팅 서비스·미세먼지 제거 기술에서 자율주행차까지 다양한 사업을 하는 창업가들을 만나기는 하지만 그렇다고 어느 것 하나 전문성이 있다고 말하기는 어렵다.

투자자에 따라 나의 사업 분야에 충분한 사전 지식이 있는 경우도 있고 그렇지 않은 경우도 있다. 심지어 아주 기초적인 것부터 설명해야 할 때도 있다. 1994년 제프 베조스가 인터넷으로 책을 팔겠다고 아마존을 창업하고 투자자들을 만나러 다닐 때는 대부분 인터넷이 무엇인지부터 설명해야 했다.

제품, 기술보다는 시장의 문제와 크기를 설명하라

대부분 창업가들은 첫 만남에서 자신이 개발한 제품이나 기술의 우수성부터 설명한다. 하지만 명심하자. 대부분의 투자자는 비슷한 제품이나 혹은 더 나은 제품·기술을 알고 있거나 만나봤을 가능성이 크다.

투자자의 책상에 쌓여 있는 사업계획서 중에 분명 우리 제품 혹은 기술보다 우수한 것이 있을 것이라 가정해야 한다. 실제로 투자자가 만나는 수많은 창업가 중에는 분명 나와 비슷한 혹은 더 나은 제품이나 기술을 가진 이가 한두 명은 있게 마련이다.

독창성과 통찰력으로 승부하라

투자자의 관심을 끄는 가장 좋은 방법은 창업가의 독창적인 시각과 통찰력으로 시장의 문제를 설명하는 것이다. 넷플릭스처럼 말이다. 넷플릭스는 기존 오프라인 기반의 비디오 대여점의 문제가 무엇인지, 인터넷이 그 문제를 어떻게 해결해 줄 수 있는지, 그리고 그 시장의 규모와 방향이 어떤지를 설명했다. 다른 창업가와는 다른 관점에서 시장을 분석하고 설명한다면 투자자의 관심을 끌 수 있다.

다음엔 그 시장에서 왜 우리 팀이 잘할 수 있는지를 설명해야 한다. 단지 스펙이나 인맥을 자랑하라는 말이 아니다. 왜 우리 팀이 이 문제에 관심을 가지게 되었고, 얼마나 오랫동안 이 문제에 편집증처럼 집중했으며, 이 문제를 풀기 위해 얼마나 큰 열정을 가지고 있는지를 이야기해야 한다.

이런 것들이 투자의 명분이 된다. 웹툰을 모바일로 보는 서비스를 만든 레진코믹스의 창업자는 만화방 주인 아들이었고, 직장에서도 웹툰 사업에 대해 연구하던 만화 덕후였다.

투자자에 대해 공부하라

"나의 후손의 전 재산을 좌우하게 될 사람들과 마주 앉을 때는, 그들의 어머니보다 더 상대를 잘 알아야 한다. 돈·권력·사회적 인정·단순히 편안한 삶 등 상대가 원하는 것이 무엇인지 알아두자. 그러면 그들이 궁극적으로 무엇을 할지 90%는 예측할 수 있다."

창업가 출신인 안토니오 가르시아 마르티네스가 실리콘밸리의 민낯을 고발한 자신의 책 《카오스 멍키》에서 투자자를 만나기 전 상대방에 대해 얼마만큼 알아야 하는지를 설명한 대목이다. 투자자에 대한 사전 조사가 얼마나 중요한지를 짐작하게 한다.

상대방의 어머니만큼 알 필요는 없겠지만 그 투자자가 어떤 펀드를 운용하고 있는지, 과거에 어떤 스타트업에 투자했는지, 성공한 투자는 무엇인지 같은 기본적인 것들은 반드시 공부해야 한다.

　벤처캐피털 회사마다 다양한 펀드를 운용하고 있다. 게임이나 콘텐츠·바이오처럼 특정 산업 분야에 집중 투자하는 펀드도 있고, 여성창업펀드·청년창업펀드·초기기업전문펀드 같이 특수 목적을 가진 펀드도 있다. 먼저 투자자에게 어떤 펀드에서 투자할 것인지 물어보고 우리 사업과 잘 맞을지 알아보아야 한다.

　펀드의 남은 수명도 중요한 고려 사항이다. 만약 10년짜리 펀드라면 보통 첫 4년만 투자하고 나머지는 회수 기간이 된다. 펀드 결성일로부터 4년이 지났다면 투자받을 것을 추천하지 않는다. 추가 투자가 어려워질 수도 있고, 얼마 지나지 않아 회수에 대한 압박이 들어와 고생할 수도 있다.

　투자자가 어떤 회사에 투자했는지 역시 매우 중요한 정보다. 어느 분야에 관심이 있는지, 어떤 유형의 창업가를 선호하는지, 투자 심사할 때 주로 어떤 면을 집중해서 보는지 등 투자자의 성향을 파악하면 투자 협상을 성공적으로 이끌어내는 데 효과적이다. 어떤 파트너는 회사의 월간 비용을 집중적으로 검토하기도 하고, 어떤 심사역은 고객증가율이나 구매전환율 같은 지표에 집착하기도 한다.

한국벤처캐피탈협회(http://www.kvca.or.kr)나 한국벤처투자(http://www.k-vic.co.kr)의 웹사이트에는 여러 가지 통계나 보고서·연구자료 등이 올라와 있다. 이 자료들을 보면 어느 벤처캐피털이 어떤 펀드를 운용하고 있는지, 벤처캐피털 회사와 심사역들의 동향이 나와 있어 필요한 정보를 구할 수 있다.

스타트업 전문 뉴스 매체들이나 여러 투자 동향 기사를 통해서도 벤처캐피털리스트의 최근 소식을 알 수 있으니 만나기 전에 반드시 검색해 보길 바란다.

다양한 길이로 연습하라

상대방에 따라, 허용된 시간에 따라 다양한 버전의 피칭을 미리 연습해 두어야 한다. 데모데이 같은 큰 행사에 가면 발표시간이 1분인 경우도 있고 5분 혹은 10분인 경우도 있다. 좀 더 특별한 자리라면 더 긴 시간 동안 이야기할 수도 있다. 예상치 못한 자리에서 우연히 투자자를 만나서 피칭해야 하는 일도 생긴다.

단 1분 안에 투자자의 관심을 잡을 수 있다면 며칠 내로 사무실에서 미팅을 잡자는 연락이 올지도 모른다. 이처럼 어

떤 경우에도 당황하지 않고 자신 있게 이야기할 수 있도록
준비해 두어야 한다.

돌발 상황에 대비하기

투자자와 미팅을 하다 보면 준비했던 동영상이 갑자기
재생이 안 되는 등의 기술적 문제가 발생하는 경우가 종종
있다. 이럴 때도 당황하지 않아야 한다. 미리 준비한 다른 자
료를 활용하거나 계속해서 시선을 맞추면서 대화를 이어가
야 한다.

기술적인 문제는 다른 사람이 해결해 주도록 부탁하는
편이 좋다. 핵심은 해당 자료를 프로젝터로 화면에 띄워서 보
여 주는 것이 아니다. 내가 전달하고자 하는 메시지를 투자
자에게 제대로 이해시키는 것이다.

데모데이나 스타트업 발표 심사에 가보면 스타트업 대부
분이 영상을 보여 주려 한다. 하지만 청중이 많은 데모데이나
경쟁 발표에서 영상을 보여 주는 건 그다지 좋은 방법이 아니
다. 영상이 제대로 플레이되지 않거나 소리가 들리지 않는 등
의 문제가 발생할 확률이 꽤 높기 때문이다. 효과적인 발표는
말과 그림으로도 충분하다.

영상을 화면에 띄우는 데 성공했다 하더라도 청중의 시선을 창업가 자신에게서 영상으로 돌리는 것은 그다지 좋은 선택은 아니다. 투자자와 직접 얼굴을 보면서 이야기할 수 있는 자리인데 왜 굳이 영상을 틀어 아까운 시간을 낭비하는가?

무대에 올라 자신에게 주어진 시간 5분 중 3분을 영상을 보는 데 쓰는 창업가를 본 적이 있다. 심사위원들은 발표한 창업가에게 아무런 질문도 하지 않았고, 대화는 거기서 끊겼다. 창업가 스스로 투자자들과 대화할 기회를 날려버린 것이다.

창업가의 올바른 자세

투자자와 미팅 중에 다양한 질문이 나올 수도 있다. 만약 모르는 질문이 나왔다면 솔직히 고민해 보지 않았다거나 지금은 모르니 미팅을 마치고 바로 살펴보고 답변을 주겠다고 말하면 된다.

투자자들이 창업가에게 바라는 것은 모든 질문에 정답을 말하는 것이 아니라, 얼마나 고민하고 있고, 어려운 문제가 발견되었을 때 적극적으로 해결하는 자세가 있는가다.

창업가의 생각	투자자의 생각
· 전달하고자 하는 메시지가 효과적으로 전달되는가?	· 창업가의 피칭 스킬이 아니라 메시지의 내용에 집중하고 있는가?
· 다양한 상황과 돌발 상황에 대한 대비는 되어 있는가?	· 창업가가 해결하고자 하는 문제가 무엇인가?
· 상대방이 궁금해 하는 것은 무엇일까?	· 투자자의 질문을 제대로 이해하고 답변에 대해 고민하는가?
	· 앞으로 합리적으로 대화할 수 있는가?

08

좋은 투자자는
어떻게
알아보는가

국내 벤처캐피털 vs 해외 벤처캐피털

스타트업이 투자 유치를 하는 중요한 이유 중 하나는 좋은 사업파트너를 얻기 위함이다. 좋은 투자자는 창업가의 사업이 성장하도록 도와주지만, 그렇지 못한 투자자는 매번 중요한 의사 결정에 방해만 되는 성가신 존재일 뿐이다. 좋은 투자자는 어떻게 만날 수 있을까?

국내 벤처캐피털

벤처캐피털 등록 업무를 담당하고 있는 한국벤처캐피탈협회의 자료를 보면 국내 벤처캐피털 수는 120개가 조금 넘는다. 이 중에서 활발하게 투자를 하는 벤처캐피털은 절반 정도로 예상되고, 그중에서도 초기 단계에 투자하는 곳은 극히 일부다. 초기 단계(보통 시드 단계부터 시리즈 A까지의 투자를 초기 투자라고 본다)에 투자하는 벤처캐피털은 많아 봐야 스무 곳 남짓이다. 국내 벤처캐피털 회사들을 보려면 한국벤처투자나 한국벤처캐피탈협회 웹사이트를 보면 나온다.

국내 스타트업에 투자하는 해외 벤처캐피털의 수는 더욱 적다. 쿠팡과 배달의민족, 블루홀 등에 투자한 알토스벤처스는 원래 실리콘밸리에 본사가 있는 투자회사로 2010년 이후부터 한국 스타트업에 투자하기 시작했다. 이외에도 서울에서 활동하는 미국계 벤처캐피털은 500스타트업, 스트롱벤처스, 빅베이슨캐피털 등이 있으며 주로 초기 스타트업에 투자하고 있다. 텐센트 등 중국계 투자사들도 일부 들어와 있다.

국내 벤처캐피털과 해외 벤처캐피털은 각각 장단점이 있다. 각 회사나 펀드마다, 또 담당 벤처캐피털리스트마다 특성이 있어서 다르기는 하지만 큰 틀에서는 이렇게 볼 수 있다. 국내 벤처캐피털은 투자 후 보고나 관리가 좀 더 까다롭지만 국내 시장에 대한 이해도와 네트워크가 더 좋은 편이다. 해외 벤처캐피털은 투자 조건이 좀 더 간단한 편이고 좀 더 장기적으로 보는 경향이 있다. 또 해외 네트워크가 필요한 경우 유용하다. 배달의민족의 경우 초기에 알토스벤처스로부터 투자받은 후 골드만삭스와 힐하우스 같은 해외 투자사의 투자도 끌어냈는데, 알토스벤처스의 도움이 있었다.

일단 소개를 받자

주변에 어느 정도 성공하고 평판이 좋은 창업가를 알고 있다면 그 사람에게 투자자를 소개해 달라고 요청해 보자. 그는 벤처캐피털 여럿을 알고 있을 테고, 그중 우리 회사에 관심이 있거나 잘 어울릴 만한 투자자를 소개해 줄지도 모른다.

만약 꼭 투자받고 싶은 투자자가 있다면 그 벤처캐피털 웹사이트나 기사를 통해서 어느 스타트업에 투자했는지 목록을 확인해 보면 된다. 그 벤처캐피털의 포트폴리오 회사 중 아는 지인이 있다면 연락해서 소개를 부탁해 보자.

벤처캐피털리스트에겐 하루에도 몇 건씩 투자 요청이 들어온다. 회사소개서 역시 며칠만 지나도 이메일 수신함에 수북이 쌓인다. 상황이 이렇다 보니 지인이 추천하는 스타트업의 자료는 단 1분이라도 더 신경 써서 읽게 된다. 더 신뢰가 가기 때문이다. 보통은 그렇게 보내온 회사소개서를 읽어본 뒤 소개한 사람에게 전화해서 좀 더 자세한 앞뒤 사정을 묻는다. 회사소개서에 나와 있지 않은 더 자세한 정보를 묻는 것이다.

어떤 벤처캐피털과 투자 협상이 진행 중일 때도 반드시 다른 창업가에게 물어보는 것이 중요하다. 혹시 아는가. 그렇게 소개받은 투자자가 우리 회사에 투자해 줄지.

SNS 팔로우는 기본

요즘은 스타트업 데모데이나 네트워킹 행사가 수시로 열린다. 플래텀이나 벤처스퀘어 같은 사이트를 구독하거나, 디

캠프·마루180·구글캠퍼스서울·스파크랩스·헤이그라운드 등 스타트업 코워킹스페이스 혹은 액셀러레이터의 뉴스레터·페이스북 페이지 등을 팔로우해 두면 여러 가지 행사 소식을 받아볼 수 있다. 이런 행사에 가면 창업가뿐만 아니라 투자자들도 꽤 만날 수 있다.

투자자 입장에서는 지난 몇 년간 그 창업가의 히스토리를 아는 편이 훨씬 편안하다. 최소한 어디선가 갑자기 나타난 사기꾼은 아닐 테니 말이다. 하지만 네트워킹이 너무 과하면 일은 안 하고 네트워킹 파티만 찾아다니는 한량으로 소문날 것이다.

투자자와 한두 번 미팅하면서 기본적인 회사 소개를 하고, 성공적으로 피칭했다면 이제는 투자자와 본격적으로 투자 관련 이야기를 할 차례다.

아마 이때 즈음이면 심사역과 여러 번 이메일이나 전화, 미팅 등으로 이야기를 나누었을 것이다. 운이 좋다면 좀 더 의사 결정 권한이 있는 파트너도 만났을지 모른다.

창업가는 투자 의사 결정을 내리는 주요 인물이 누구인지 빨리 파악하고 그들과 효과적인 커뮤니케이션 채널을 만들어 두어야 한다.

심사역과 파트너 구분

보통 벤처캐피털리스트, 벤처 투자자라고 하면 벤처캐피털 펀드를 운용하고 있는 심사역과 파트너를 가리킨다. 이들 명함에 분명히 심사역 또는 파트너라고 적혀 있는 경우도 있지만, 그렇지 않은 경우도 있다. 이럴 때는 어떻게 구분할까?

심사역이라고 적혀 있는 경우도 있지만, 수석심사역·책임심사역·과장·부장·Associate·Principal 등으로 직함을 적는 회사도 있다. 다만 연구원(Research Analyst)은 투자 업무를 하기보다는 심사역과 파트너들의 투자 의사 결정을 돕기 위해 시장조사·기술조사 등을 하는 사람이므로 투자에 관한 의사 결정에는 극히 제한적인 영향을 미친다는 점을 알아두자.

심사역은 주로 스타트업 발굴(Deal sourcing), 기본적인 투자 조건 협상, 투자 계약에 따른 실사와 실무 업무, 투자 후 창업가 및 경영진과의 주된 커뮤니케이션 등의 업무를 한다. 심사역은 투자 협상 과정에서는 파트너에게 직접 보고하면서 의사 결정에 큰 영향을 미친다. 효과적인 커뮤니케이션과 관계 유지가 필요한 이유다.

펀드의 직접적이고 법적인 책임을 지고 있는 사람을 제너럴 파트너(General Partners) 또는 대표 펀드매니저라고 부른다. 이들을 통칭하여 파트너라 부르는데, 회사에 따라 상무·부사장·대표 등 임원급 직함을 쓰는 경우도 있다(임원 직함을 달고 있다고 해서 모두 펀드의 파트너는 아니다). 펀드의 투자 의사 결정은 최종적으로 파트너가 내린다.

여러 명의 파트너가 있는 경우는 각자 독립적인 의사 결정을 내리는 경우도 있고 다수결이나 만장일치제 등 다양한 방법을 쓰기도 한다.

심사역과 파트너 외에도 벤처캐피털 회사에는 다른 업무를 하는 사람들도 있다. 보통 경영지원실로 불리기도 하는데, 펀드 운용에 필요한 여러 사무 업무, 투자 집행과 투자자의 권리를 행사하는 데 필요한 실무 업무 등을 진행한다. 창업가들은 가끔 이들로부터 주주명부라든가 재무제표 등을 요청받는다.

EIR 또는 상주 기업가라고 불리는 이들이 있는데, 이들은 투자 의사 결정에 관여하는 사람은 아니다. 주로 엑시트한 창업가가 창업을 준비하며 리서치나 자문 역할을 해 준다. 마케팅팀·홍보팀·커뮤니티팀 등 여러 지원 부서가 있는 벤처캐피털도 있다. 아마 투자를 받고 나면 홍보 담당자가 연락해 투자에 관한 보도자료 작성에 관해 질문할지도 모른다.

500스타트업은 커뮤니티팀이 따로 있어서 투자한 스타트업의 창업가들과 다양한 모임을 주선하고 더 좋은 관계를 만들기 위해 다양한 활동을 한다.

커뮤니케이션 채널 유지

투자 의사 결정에 관여하는 여러 사람을 만나고, 그들의 역할을 파악했다면 이들과 효과적인 커뮤니케이션 채널을 유지하는 게 좋다. 투자 진행 과정 내내 자주 연락하게 되기 때문이다. 본격적인 투자 협상이 시작되면 거의 매일, 최소한 며칠에 한 번은 담당 심사역과 연락을 주고받아야 한다. 다음은 딱히 전화할 용건이 없을 때 유용한 질문들이다.

> "혹시 다른 필요한 자료나 궁금하신 것은 없나요?"
> "다음 스텝은 뭔가요? 다음 스텝으로 넘어가기
> 위해서는 무엇을 해야 하나네요?"
> "언제쯤 다음 스텝을 진행할 수 있을까요?"
> "투자심의위원회는 언제로 잡혔나요?"
> "투자심의위원회에서 나온 결정은 언제 알 수 있나요?"
> "제가 무엇을 더 도와드리면 될까요?"

09

투자자에게
어떤 이야기를
하는가

완료 기한(Closing date) 정하기

일단 본격적으로 투자 유치에 나섰다면 완료 기한(Closing date)을 미리 정해두고 투자자에게도 확실히 알려두는 것이 좋다. 그렇지 않으면 투자자는 이런저런 핑계를 대며 계속 미룰 가능성이 있다. 우리 회사가 엄청나게 핫해서 시장의 모든 투자자가 서로 투자하겠다고 다투어 줄을 선다면 다행이지만(이런 경우를 '오버부킹 되었다'고 말한다), 그렇지 않다면 투자자가 차일피일 미루는 상황을 방지하기 위해 확실히 마감 기한을 정해 두어야 한다.

"이번 라운드는 두 달 뒤인 10월 말 이전에는 클로징하려고요. 만약 투자를 못 받는다면 당분간 투자를 받지 않고 지금 현 상태에서 매출 증가에 집중할 계획입니다."

이 정도면 아주 훌륭한 대답이다. 물론 창업가 입장에서는 두 달 내에 투자 유치를 받지 못한다면 현금 흐름이 아주 나빠지는 상황이 벌어질 수도 있다.

가끔 투자자가 독점적 협상 조건(Exclusive term)을 요구하는 경우도 있다. 다른 투자자와의 협상을 중단하고 독점적으로 투자 협상을 진행하자는 조건이다. 보통 법적 구속력이 있는 계약서(Term sheet라고 부른다)에 조항으로 넣어서 투자자와 창업가가 서명하는 것으로 효력이 발생한다.

하지만 주의해야 할 것이 있다. 독점적 협상 조건이 해지되는 조건도 반드시 넣어야 한다는 점이다. 그래야 투자자가 부당하거나 비합리적인 이유로 차일피일 협상을 미루면서 창업가가 다른 투자자로부터 투자받는 것도 막는 비신사적인 행동을 방지할 수 있다. 해지 조건은 확실한 기한을 정해서 그 날짜 이내에 본투자계약서에 날인이 안 되면 자동으로 해지하도록 하면 된다.

실제로 다른 방식의 투자 유치를 검토하지 않더라도 이렇게 다른 대안을 넣어두는 것은 투자자를 압박하는 방안이 될 수 있다.

시장처럼 투자도 경쟁이 있을 때 발전한다

처음에 적극적으로 투자 의사를 밝힌 투자자가 결국엔 투자 의사를 철회하고, 창업가가 다른 투자자로부터 투자 유치 기회를 잃으면서 크게 어려움을 겪는 경우를 적잖게 보아 왔다. 최종 투자계약서에 날인하고 자금이 입금되는 순간까지 긴장을 놓지 않아야 한다. 이 때문에 투자 유치를 투자자와 밀고 당기는 연애와 비슷하다고 말한 것이다.

우리 회사에 대한 투자를 검토하는 모든 투자자에게 관심을 기울여라. 모든 투자자에게 같은 정도의 노력을 들일 필요는 없지만, 적어도 투자자와의 관계가 투자 유치에 도움이 될 수 있도록 관리하는 노력을 해야 한다.

다만 모든 투자 협상은 비밀리에 진행되는 만큼 한 투자자와 협상한 내용을 다른 투자자에게 전달하는 실수를 하면 안 된다. 투자자들도 마찬가지다. 창업가와 협상한 내용을 다른 투자자나 창업가에게 전달하는 비신사적인 행동을 해서는 안 된다.

만약 여러 투자자가 투자를 검토하겠다고 말하고, 또 다른 투자자와 공동으로 투자하는 것도 괜찮다고 한다면 이는 매우 긍정적인 신호다.

이럴 때는 두 가지 방식으로 진행할 수 있다. 보통은 제일 많은 금액을 투자하겠다는 투자자가 리드 투자자가 된다. 이번에 투자 유치 금액이 15억 원이라면, 이 중 10억 원을 투자하는 쪽이 리드 투자자가 되는 식이다. 드물지만 소액 투자자라고 해도 다른 투자자와의 관계가 좋고, 공동 투자를 유치해 올 수 있는 투자자라면 리드 투자자가 되기도 한다.

리드 투자자는 창업가와 구체적인 투자 조건을 협상하고 진행한다. 공동 투자자는 리드 투자자와 창업가가 합의한 내용에 동의하고 투자계약서에 날인한다. 대부분은 이렇지만, 공동 투자자가 리드 투자자가 합의한 내용에 동의하지 않고 투자 조건을 새로 제시하는 경우도 있다. 이럴 때 창업가는 '교통정리'를 잘해 줘야 한다.

두 번째 방식은 창업가가 주도해서 투자 조건과 투자자 간 투자 금액 등을 제시하는 방법이다. 이 방식은 투자 유치 경험이 있는 창업가가 시도할 수 있다. 창업가가 먼저 구체적인 투자 조건(Term sheet)을 투자자들에게 제시하고, 이 조건에 투자해 줄 투자자들에게 서명을 받아오게 된다.

하지만 창업가 스스로가 여러 투자자를 차례로 만나면서 모두가 동의할 만한 투자 조건을 받아오기가 쉽지는 않으므로 자주 쓰이는 방식은 아니다. 만약 여러 투자자가 서로 투자하겠다고 줄을 서는 상황이라면 이 방법을 시도해 볼 수 있겠지만, 그렇지 않다면 실패할 확률이 높으므로 추천하지는 않는다.

본격적인 투자 검토가 진행되면 투자자는 다음과 같은

자료를 요청할 것이다.

- 사업계획서, 공동 창업자 및 핵심 인력에 대한 이력
- 주주명부와 캡테이블(Capitalization table, 줄여서 Cap table이라고 한다. 캡테이블은 스톡옵션·전환사채·컨버터블 노트 등 주식으로 전환 가능한 계약들을 포함한다)
- 정관 및 주주총회 의사록, 이사회 의사록 : 회사가 적법하게 설립되었는지, 주요한 의사 결정들은 합법적으로 이루어졌는지를 검토한다. 투자자에 따라서 이런 것들을 미리 요청하기도 하고, 나중에 법률 실사 때 요청하기도 한다.
- 재무제표 또는 기본적인 매출·원가 추이 : 초기 스타트업의 경우는 간단한 실제 매출·비용을 기록한 표 정도만으로 끝나는 경우도 있다. 투자심의위원회에서 투자하기로 결정하고도 나중에 회계 실사 과정에서 이런 항목들에서 중요한 하자가 발견되어 투자가 취소되는 경우도 가끔 있다.
- 투자 유치 이력 : 과거 투자 유치 이력이 있다면, 언제 어떤 투자자에게 얼마의 가격으로 주식이 발행됐는지,

또는 다른 조건으로 투자금을 유치했는지의 기록을 말한다.

· 제품이나 서비스에 대한 소개와 핵심 지표 : 만약 인터넷 서비스나 모바일 서비스, 전자상거래 등의 사업 분야에 있다면 사용자 수·신규 사용자 수·고객 획득 단가·전환율·잔존율·구매율·재구매율 등 구체적인 숫자들을 물어볼 수도 있다.

투자자로부터 거세고 날카로운 질문 공세를 받으면 무리하게 낙관적인 답변을 하거나 위기를 모면하려는 유혹에 빠지기 쉽다. 매출 전망을 부풀려서 말한다든지, 중요한 개발자의 채용이 곧 될 거라든지, 큰 계약 건이 이루어질 거라는 등 지나치게 낙관적인 답변을 하고 싶어진다. 설령 이런 답변이 사실이 아니라고 해도 말이다.

이럴 땐 오히려 회사나 시장의 어려운 상황을 솔직하게 이야기하는 편이 낫다. 창업가가 이렇게 문제를 인지하고 있고 그것을 해결하기 위해 노력 중이라는 걸 보여 주는 것으로 충분히 투자자를 설득할 수 있다. 오히려 누구나 보고 있는 골칫덩어리를 창업가만 못 보고 있다면 그건 큰 감점 요소다.

모르는 것은 모른다고 답해도 괜찮다. 투자자는 창업가가 모든 정답을 알고 있다고 생각하지 않는다.

평정심 유지하기

투자자와 미팅을 하다 보면 창업가에게 답답한 상황이 더러 벌어진다. 투자자가 시장이나 제품을 제대로 이해하지 못하고 엉뚱한 질문을 하기도 하고, 경쟁사를 계속해서 언급하는가 하면 창업가의 논리에 반박하는 견해를 내 부딪히기도 한다. 이럴 때 창업가는 심호흡을 크게 하고 평정심을 유지해야 한다.

창업가에게 평정심이 중요한 이유

사업을 하다 보면 이런저런 일이 생기게 마련이고 그러다 보면 충돌하는 일도 있다. 이럴 때 창업가가 여전히 평정심을 유지하고 이해관계자들을 설득하며, 합리적으로 판단하여 의사 결정하는 것은 투자자에게 매우 중요하다. 그래서 투자자는 투자 전에 가볍게라도 충돌 상황을 만들어 창업가의 반응을 보기도 한다. 투자가 이뤄지면 창업가와 투자자는 몇 년 동안 파트너 관계가 되기 때문이다.

늘 소통의 자세를 유지하라

창업가의 사업 설명을 듣는 자리에서 창업가만 떠들다가 마치는 경우를 종종 본다. 물론 사업의 내용이 어렵거나 설명이 많이 필요한 경우도 있다. 하지만 대체로는 창업가가 제품 설명에만 너무 치중한 나머지 투자자에게 질문할 여지를 주지 않았거나 말하는 내용이 아예 투자자의 관심을 끌지 못한 경우가 더 많다. 투자자가 질문할 수 있는 여지를 주어야 하며 때로는 말하는 것보다 듣는 것에 더 집중할 줄도 알아야 한다.

창업가의 생각	투자자의 생각
· 어떤 투자자가 내 사업에 도움을 줄 수 있을 것인가?	· 창업가가 정직하게 사실을 말하고 합리적으로 대화할 수 있는가?
· 지금 협상 중인 투자자는 어떤 성향의 사람인가? 내가 어려움을 겪을 때 어떤 도움을 줄 수 있는 사람인가?	
· 투자자가 우리 사업을 잘 이해하고 있는가? 그리고 합리적인가?	
· 나와 이야기 중인 심사역 또는 파트너는 어느 정도의 의사결정권을 가지고 있는가?	

10

투자계약서는
어떤 내용을 담는가

투자를 받기 전 알아야 할
법적인 내용

투자를 받으려면 반드시 알아야 할 법적인 내용들이 있다. 물론 나는 변호사가 아니며 나의 조언은 경험을 기반으로 한 것들이기 때문에 정답은 될 수 없으며 법적으로 책임지지 않음을 미리 밝혀둔다. 투자받기 전 반드시 변호사와 상의하고 법적 조언을 받기를 권한다.

투자 조건(Term sheet)

투자자가 회사의 자료를 충분히 검토하고, 창업가와 여러 번 만나면서 투자를 진지하게 진행하고 싶다고 결정하면, '텀시트'라는 문서를 창업가에게 준다. 텀시트에는 회사의 기업가치(주당 가격), 투자할 주식의 종류(우선주인지, 보통주인지) 등 여러 가지 투자 조건이 포함되어 있다. 텀시트에 들어가는 주요한 조건은 크게 경제적 조건들과 경영 참여에 관한 조항들로 나눌 수 있는데, 각각 다음과 같다.

경제적 조건

경제적 조건은 투자자가 투자 수익을 얻고 여러 가지 상황에서 투자자의 경제적 권리를 설명하는 조건이다. 기본적으로는 투자자가 인수할 주식의 가격과 종류를 설명하고, 부가적으로 지분 구조의 변경이나 주요 자산의 배당이나 처분, 회사의 매각이나 청산 등 투자자의 자산에 영향을 미칠 수 있는 여러 가지 상황을 고려한 투자자의 권리를 설명한 조건이 들어간다.

다음은 텀시트에 일반적으로 포함되는 조건이다.

- 투자 전 기업가치(Pre-money valuation)와 투자 후 기업 가치(Post-money valuation)
- 발행할 주식의 종류와 조건 : 이번에 투자자가 인수할 주식이 어떤 종류의 주식인지 설명한다. 보통은 우선주(상환전환우선주)나 보통주로 발행한다. 초기 스타트업이라면 SAFE(Simple Agreement for Future Equity)나 KISS(Keep It Simple Security) 등 추후 주식으로 전환할 수 있는 오픈형 전환사채(Convertible Note)처럼 더 단순화된 우선주식으로 발행할 수도 있다(오픈형 전환사채에 관해서는 '3장 언제 투자받을 것인가' 편에서 설명한 바 있다).
- 잔여재산 우선분배권(Liquidation Preference), 우선권, 전환권, 상환권, 참가권, 희석방지 조항, 우선매수권(Right of First Refusal), 공동매도권(Tag-along) 등

경영 참여 조건

경영 참여 조건은 투자자가 회사의 주요 의사 결정에 참여하여 회사의 경영 방향에 영향을 행사할 수 있는 권리를 말한다. 이사 선임권, 투표권, 회사의 주요 사업 현황·지표·재무제표 등의 정보를 요청할 수 있는 정보열람권 등이 있다.

그 외 조건

· 완결 조건 또는 해지 조건 : 텀시트의 유효 기간과 해지 조건을 분명히 써야 한다. 텀시트는 본계약이 날인되면 해지되지만, 중간에 협상이 지지부진하게 진행되지 않는 교착 상태에서 해지하거나 해결할 수 있는 조건을 써 놓아야 한다.

· 독점적 협상권 : 투자자가 독점적으로 협상할 수 있는 권리를 말한다. 어떤 투자자는 다른 투자자와 공동으로 투자하는 상황이나 투자 기회를 빼앗기는 상황을 피하기 위해 독점적으로 협상하기를 원한다. 창업가 입장에서는 다른 투자자와 협상할 기회를 잃어버리는 조항이므로, 조심해야 하는 조건이다. 독점적 협상권을 주어야만 하는 경우에는 반드시 만기일과 해지 조

건을 써서 협상이 지지부진하게 교착 상태에 빠질 경우 다른 투자자와 협상할 수 있도록 출구를 마련해 두어야 한다.

처음 투자 유치를 하는 창업가에게 텀시트는 생소하고 어려워 보일 수 있다. 하지만 본계약보다는 훨씬 간단하니 이 단계에서 모르는 것은 심사역이나 멘토에게 물어보고 이해하는 것이 중요하다.

실사(Due diligence)

실사는 보통 텀시트에 사인하고 투자계약서를 작성하기 전에 하는 경우가 대부분이지만, 상황에 따라 미리 하거나 투자계약서를 쓴 다음에 하는 경우도 있다. 매우 꼼꼼하게 하는 경우도 있고, 간단하게 하는 경우도 있다.

· 법률 실사 : 회사가 적법하게 설립되어 있는지, 주주총회와 이사회가 적법하게 성립되었는지 살펴본다. 사업에 필요한 면허나 자격이 있는지, 특허나 소송 건 등은 없는지 등을 조사한다.

· 재무 실사 : 재무제표를 바탕으로 회계 활동이 제대로 기록되어 있는지, 우발 채무나 향후 세무 리스크는 없는지 등을 살펴본다. 횡령·탈세·가공 매출·재고 누락·특수관계인 거래 등은 투자 취소까지도 갈 수 있는 사안이므로 이런 일이 없도록 신경 써야 한다.

· 기술 실사 : 핵심 기술이 설명한 대로 구현되어 있는지, 기술 인력이 개발을 완료할 수 있는 능력이 되는지, 다른 특허를 침해하지는 않는지 등을 살펴본다. 엔지니어 인터뷰나 코드 리뷰, 제품 리뷰, 특허 조사 등의 형태로 진행한다.

투자자와 첫 미팅에서부터 실사까지 진행했다면 꽤 친한 사이가 된다. 실사까지 무리 없이 진행된다면 보통 두 달 정도 걸리는데, 상황에 따라 더 짧아지기도 하고 길어지면 6개월씩 걸리기도 한다. 단계마다 어렵고 힘든 일이 많을 수도 있다.

본계약에 필요한 조항 1
경제적 조건

실사까지 마치고 나면 본계약을 할 차례다. 본계약에는 어떤 조항이 담기게 되는지 알아보자. 우선 경제적 조건들을 중심으로 소개하려고 한다.

발행가격(Subscription Price)과 발행주식 수

텀시트를 작성하며 미리 합의한 회사의 기업가치에 따라 회사가 발행하고 투자자가 인수할 주식의 가격을 적는다. '주당 25만 4300원'처럼 간단하게 나온다. 여기에 덧붙여 이번에 회사가 발행할 주식의 수와 투자자가 인수할 주식의 수를 명시한다.

잔여재산 우선분배권(Liquidation Preference)

회사를 청산해야 할 경우, 남은 자산을 투자자가 보통주를 가진 주주보다 먼저 가져갈 수 있는 권리를 말한다. 청산 우선권이라고도 부른다. 여기서 '청산'이란 회사가 망해서 청산하는 경우뿐 아니라 다른 회사에 성공적으로 피인수되거나 합병되는 경우(M&A)도 통칭한다.

잔여재산 우선분배권은 우선권과 참가권으로 나눌 수 있다. 우선권은 청산 시 남은 자산(분배 대상 자산)을 다른 주주(보통주를 가지고 있는 주주)보다 먼저 가져갈 수 있는 권리다. 1X(원엑스라고 읽는다) 참가라고 한다면 투자 금액만큼 먼저 가져갈 수 있는 조건이다. 드물긴 하지만 2X(투자 금액의 2배만큼 먼저 가져가는 조건), 혹은 3X(투자 금액의 3배만큼 먼저 가져가는 조건) 조건을 제시하는 투자자도 있다. 그럴 경우 창업가가 낮춰달라고 요구하고 협상할 수 있다.

우선분배 이후 남은 자산에 대한 분배 과정에 참여할 수 있는 권리를 참가권이라 한다. 참가권은 크게 전부 참가권(Full participation), 상한 참가권(Capped participation)으로 나눌 수 있다. 전부 참가권은 남은 자산을 배분할 때 투자자의 지분 비율만큼 배분받을 권리를 말한다. 상한 참가권은 투자자의 지분 비율만큼 배분받되, 일정한 비율(Cap)까지만 배분받고 그 이상은 배분받지 않는다는 것을 말한다.

잔여재산 우선분배권은 좀 어려운 개념이지만, 나중에 회사가 잘 성장해 피인수되거나 어려워져 청산할 때 매우 중요한 조항이므로 반드시 알고 넘어가야 한다.

예를 들어 회사의 투자 전 기업가치가 80억 원이고, 투자자가 20억 원을 투자했다고 하자. 투자자의 지분 비율은 20%이고, 창업가의 지분 비율은 80%다. 이 회사가 잘되어서 기업가치 300억 원에 피인수된다고 할 때, 각 경우에 따른 분배는 이렇게 된다.

우선권이 1X이고, 전부 참가권의 경우, 피인수 금액 300억 원 중 투자자의 투자 원금 20억 원을 먼저 투자자에게 배분한다. 그리고 나머지 280억 원을 투자자 20%, 창업가 80%의 비율로 나누어 가진다. 투자자가 56억 원, 창업가가 224억 원을 가져가게 되는 셈이다. 투자자는 앞선 우선권 행사로 먼저 배분받은 20억 원과 참가권 행사로 배분받은 56억 원을 합쳐서 총 76억 원을 가져간다.

여기서 문제를 하나 풀어보자. 위 예시에서 투자자의 우선권이 2X라면 창업자는 얼마를 가져가게 될까?

투자자는 우선권으로 투자 원금의 2배를 가져가게 되므로 40억 원을 먼저 가져가고, 나머지 260억 원 중 20%인 52억 원을 추가로 가져가므로 총 92억 원을 가져간다. 창업가는 나머지 208억 원을 배분받는다.

이번엔 문제를 좀 바꿔보자. 위 예시에서 투자자가 2X 상한 비율(Cap)로 참가하는 경우, 투자자는 얼마를 배분받게 될까? 이 경우 투자자는 선택을 해야 한다. 우선해서 가져갈 수 있는 몫이 2X로 상한이 있으므로 원금의 두 배인 40억 원과 보통주로 전환하여 지분을 새로 계산한 금액인 60억 원 (300억 원X20%) 중 하나만 가져갈 수 있다. 보통 더 큰 금액인 60억 원을 선택하게 된다.

전환권(Conversion righgt)

보통주로 전환할 수 있는 권리를 뜻한다. 우선주나 SAFE 등이 해당한다. 투자자의 요청에 의해 보통 주식으로 전환되며, '투자 후 1년부터 10년 이내'처럼 전환 기간이 명시된 경우도 있다.

전환가 조정 방식

전환가를 조정하는 방식에는 두 가지 방법이 있다. 풀래칫(Full-ratchet) 방식은 기존 투자자의 주식을 낮게 발행되는 신주의 가격과 동일하게 조정하는 것이다. 가중평균(Weighted-average) 방식은 기존에 발행된 주식 수와 새로 발행하는 주식의 수를 더해 기존 투자자의 지분 비중을 그대로 유지할 수 있는 가격으로 전환하는 것이다.

기존 주가보다 낮은 가격에 신주를 발행하는 것 외에도 희석방지 조항이 적용되는 경우가 있다. 주식을 분할 혹은 병

합하거나 무상감자를 해 주식의 수가 변하는 경우, 다른 회사와 합병하면서 주식 교환 비율을 산정하기 위해 주가를 평가한 금액이 현재 주가보다 낮은 경우 등이다.

상환권(Redemption right)

주식은 손해를 보더라도 원금을 보전해 달라고 요구할 수 없다. 하지만 상환권이 설정된다면 얘기가 달라진다. '상환 가능 이익 내에서'라는 표현이 없으면 창업가에게 불리할 수 있으므로, 요청해서 추가하는 게 좋다. '상환 가능 이익 내에서'란 조건이 없으면 창업가가 빚을 내 투자금을 상환해야 할 수도 있기 때문이다.

일반적으로 상환권에는 이율이 명시된다. 투자 금액에 대해 투자 기간 동안 명시된 이율을 적용한 금액을 상환하는 것이다. 위약이나 벌칙이 아닌 일반적인 상환의 경우에는 시중 금리 정도로 합의할 수 있는 만큼 그 정도 이율을 요청하는 게 좋다. 하지만 고위험·고수익을 추구하는 벤처캐피털의 특성상 시중 금리 수준의 수익을 바라고 상환을 요청하는 경우는 많지 않다. 여기에 그리 많은 에너지를 쓰지 않아도 된다는 뜻이다.

우선매수권(Right of First Refusal)

회사가 새로운 주식을 발행(신주 발행)하거나 창업가가 보유한 주식을 매도(구주 매각)할 때, 기존 투자자가 같은 조건으로 먼저 매수할 수 있는 권리를 말한다.

우선매수권이 설정되어 있다면 회사가 신주를 발행하거나 창업가의 지분을 팔고자 할 때, 먼저 투자자에게 통지하고 일정 기간(짧게는 며칠에서 길게는 30일 정도) 동안 우선적으로 검토할 시간을 주어야 한다. 투자자가 인수하지 않겠다고 통지하면 그때야 주식을 다른 대상에게 팔 수 있다.

우선매수권은 두 가지 방식으로 설정할 수 있다. 새로 발행된 주식이나 매각 대상 주식 중 투자자의 지분율만큼만 우선 매수하도록 할 수도 있고, 투자자의 지분율과 상관없이 전량 모두 우선매수권을 가지도록 할 수도 있다. 협상에 따라 정하면 된다.

공동매수권(Participation right)

신주를 발행할 때 기존 투자자가 같은 비율로 신주 인수에 참여할 수 있는 권리다. 우선매수권과 유사해 보이지만, 공동매수권은 회사가 신주를 발행할 때 최소한 투자자의 지분율만큼 주식을 인수할 수 있는 권리를 확보한다는 차원에서 만든 권리다.

공동매도권(Tag-along)

창업자와 주요 주주가 주식을 팔 때, 기존 투자자가 같은 조건으로 매수자에게 공동매도할 수 있는 권리다. 공동매도권이 설정되어 있으면 계약서에 '주요 주주'로 등재된 주주가 다른 투자자 혹은 회사나 펀드 등에 주식을 매각할 때, 투자자의 주식도 함께 팔아야 한다. 이때 파는 주식의 수량은 각 주주의 지분 비율대로 팔게 된다.

공동매도권이 발효되는 상황은 우선매수권을 가진 투자자가 주식을 인수하지 않겠다고 통보한 시점일 것이다. 주요 주주가 주식을 팔 때 공동매도권을 가진 투자자에게 자신들이 가진 지분율만큼 매각할 기회를 줘야 한다. 다른 말로 하면 주요 주주만 자신의 주식을 팔고 나갈 수 없다는 뜻이다. 투자자가 공동매도권을 행사하지 않을 수도 있다.

동반 매각요청권(Drag-along)

투자자가 회사의 주식을 제3자에게 매도하려고 할 때,

창업가 등 주요 주주의 주식을 같이 매도할 수 있는 권리다. 이 조항은 자칫하면 창업가에게 독소 조항이 될 수 있다. 투자자가 지분을 팔 때 창업가도 매도하도록 하는 만큼 창업가의 지분과 경영권을 훼손할 여지가 있기 때문이다. 이 조항이 포함될 경우 발효되는 조건을 꼼꼼히 따져봐야 한다.

희석방지조항(Anti-dilution)

창업가가 후속 투자를 유치할 때 기존 투자자가 인수한 가격보다 낮은 가격으로 주식을 발행할 경우('다운라운드'라 한다) 기존 투자자의 지분이 과도하게 희생될 수 있다. 이를 막기 위해 기존 투자자의 주가를 발행된 신주 가격으로 전환하도록 한 게 희석방지 조항이다.

이해하기 까다로워 계약서에도 꽤 길게 설명돼 있는 조항 중 하나다.

배당권(Dividend right)

우선주는 보통주에 우선하여 배당받을 권리를 가진다. 배당권을 설명할 때는 보통 '참가적' 혹은 '비누적적'이라는 표현을 쓰는데, 보통주에 대한 배당이 있을 때 우선주도 같이 참가하여 배당을 받겠다는 의미와 해마다 독립적으로 배당을 받겠다는 의미다. '누적적'으로 배당하면 회계가 매우 복잡해지니 반대해야 한다.

배당권은 보통주에 대한 배당이 실시될 때만 발효된다.

Pay-to-Play

향후 투자 라운드에서 기존 투자자가 최소 금액 이상 참가해야만 전환권, 희석방지 조항 등 여러 투자자의 권리 조항이 유지된다는 조항이다. 창업가에게 유리한 항목이므로 계약서에 넣을 수 있으면 좋다.

본계약에 필요한 조항 2
경영 참여 조건

투자자의 재무적 이익과 직접 관련은 없지만, 투자자의 권리를 보호하고 선량한 관리자의 의무(Fiduciary duty)를 행하기 위해 주주로서 회사의 경영에 간접적으로 영향을 미칠 수 있는 조건을 살펴보고자 한다.

이사선임권(Board of Directors)

투자자는 이사회 이사를 선임할 수 있는 권리를 가진다. 보통 한 석을 요구하는데, 요구하지 않는 경우도 있다. 왜냐하면 이사 선임권을 둘러싸고 두 가지 의견이 대립하고 있기 때문이다.

한쪽은 투자자의 권리를 보호하기 위해 이사를 선임해야 한다고 생각한다. 반대로 이사는 회사의 이익과 주주 권리를 보호하기 위해 감시하는 책임을 가지므로 투자자의 권리 보호라는 책임과 상충한다는 의견도 있다. 후자의 경우는 이사를 선임하지 않거나, 관찰자 자격으로 이사회에 참가한다.

이사회는 보통 창업가와 경영진이 과반수를 차지하고, 나머지를 투자자와 외부 이사(사외 이사)가 나눠 갖는다. 예를 들어 5명의 이사회로 구성한다면 창업가를 대표하는 이사가 3

인, 투자자나 사외 이사가 나머지 2인을 나눠 갖는다. 투자자가 선임하는 등기 이사는 보통 '기타비상무이사'로 등기한다.

바람직한 이사회의 구성

회사의 크고 중요한 의사 결정이 이사회에서 이루어지므로 창업가는 바람직한 방향으로 제때 결정이 이뤄질 수 있도록 이사회 구성에 신경을 써야 한다.

특히 초기 기업의 경우 이사회가 너무 비대해지는 것을 막아야 한다. 투자자의 수가 많아지면 투자자 대표로 1인 또는 2인의 이사를 선임하도록 유도해야 한다.

외부 투자자가 들어오고 회사가 어느 정도 모양이 갖추어지면 창업가 또는 대표이사의 단독 경영이 아니라 이사회 중심의 경영으로 바꿔야 한다. 창업가는 지분을 조금 더 가진 한 명의 주주일 뿐이고, 대표이사는 이사회에서 뽑은 이사회의 대표일 뿐이다.

이사회가 경영진에게 회사의 업무를 위임하고 최선의 결과가 나오도록 독촉하는 게 주식회사다. 창업가는 절대로 회사가 마치 자신의 소유인 양 착각하면 안 된다. 그러고 싶

다면 개인 사업을 하거나 회사의 지분을 100% 소유한 상태
로 사업해야 한다.

의결권(Voting right)

상법상 우선주는 의결권이 없거나 보통주와 다른 형태
의 의결권을 갖는다. 원칙대로라면 전환권을 행사해 우선주
를 보통주로 바꾸었을 때만 보통주와 같은 의결권을 가져야
하지만, 투자계약서에 따라서 우선주를 보통주로 전환하지
않더라도 보통주처럼 의결권을 보장하는 것이다.

특별히 이사회나 주주총회에서 안건을 상정하기 전에
투자자에게 상정 안건을 미리 서면 동의 받으라고 요구하는
경우도 있다. 이는 경영진의 자유로운 의사 결정을 어렵게 만
들기 때문에 유심히 살펴보고 가급적 서면 동의가 필요한 항
목을 줄이도록 협상해야 한다.

사전 서면 동의 사항(Protective provisions)

사전 서면 동의 사항은 매우 강력한 투자자 권리 보호
조항이다. 투자자는 앞서 말한 여러 가지 권리를 활용해 자신
의 투자 권익을 보호하거나 회사의 의사 결정에 영향을 끼칠

수 있지만, 그럼에도 투자자 권익을 보호하기 위해 몇 가지 회사의 의사 결정에 대해서 사전 서면 동의를 받도록 투자계약서에 명시한다. 예를 들면 이런 것들이다.

사전 서면 동의 사항의 예

- 정관의 변경
- 신주 발행(유·무상 증자), 주식 관련 사채, 주식매수선택권 등의 발행 또는 부여
- 자기 주식의 취득, 처분
- 자본금의 감소
- 해산, 청산, 합병, 분할, 분할 합병, 주식의 포괄적 교환 또는 이전, 영업의 양도, 영업의 양수, 다른 회사의 인수, 경영임대차, 위탁경영, 기타 회사 조직의 근본적인 변경
- 전년도 재무상태표상 자산 총계 10% 이상의 회사의 권리 및 의무를 제3자에게 양도
- 본건 투자 당시 또는 사전에 투자자에게 공유된 사업 계획에 명시한 것과 다른 사업에 착수하거나, 사업의 전부 또는 일부의 중단, 포기
- 전년도 재무상태표상 자산 총계 10% 이상의 자금 차입 또는 채무의 부담
- 현금, 주식 또는 기타 회사의 재산으로 이루어지는 배당의 의결 또는 지급
- 자회사 또는 합작회사의 설립
- 본건 투자금 용도 외의 다른 용도로 본건 투자금 사용
- 회사와 특수관계인 간의 거래
- 이사 수의 변경
- 대표이사의 선임 및 해임
- 회사의 상장, 기업 공개와 관련된 제반 사항

회사 및 주요 주주는 다음 각호의 사항에 대하여 투자자에게 사전에 서면 통지를 하고 투자자의 사전 서면 동의를 받아야 한다.

크게 보면 신주의 발행, 회사의 지분 구조에 영향을 주는 사항, 회사의 창업가나 대주주가 바뀌는 상황, 회사 재산의 중요한 변화, 사업 계획의 중대한 변경, 대표이사의 선임 및 해임, 기업공개 및 회사 상장 등과 관련된 이슈가 발생하면 투자자가 서면 동의를 통해 이를 수용하거나 거부할 수 있도록 하는 것이다.

창업가가 투자자와 협상 기간 내에 가장 많은 시간을 들여야 하는 부분이 이 조항이 될 가능성이 크다. 창업가는 가급적 이 목록을 줄이거나 투자자의 서면 동의를 필요로 하는 상황을 줄이도록 해야 한다.

예를 들어 '자산 총계 10% 이상의 자금 차입 또는 채무의 부담'이라는 표현보다 '30억 원 이상의 자금 차입 또는 채무의 부담'이라고 쓰는 게 단순하고 논란의 여지가 적다. 또 30억 원 미만의 차입은 대표이사가 자유롭게 할 수 있게 되기 때문에 편리하다.

정보열람권(Information rights)

투자자는 회사의 주요 사업 현황과 지표, 재무제표 등의 정보를 요청할 수 있다. 당연한 이야기지만, 투자를 받고 나면 투자자와 많은 이야기를 하고 정보를 공유하게 된다. 딱히 신경 쓰지 않아도 되는 조항이다.

그 외 조건

진술과 보증(Representations and Warranties)

회사가 합법적으로 설립되어 있고, 주주들이 적법한 절차를 거쳐 주식 출자금을 납입하고 주식을 인수했으며, 진행 중인 소송이 없고, 세금 역시 모두 잘 냈으며, 사업에 필요한 면허나 허가를 모두 취득했고, 투자자에게 설명한 사업의 내용과 회사의 재무 상태, 영업 및 개발 상태가 사실이라는 내용을 이 조항에 적는다.

이때 사실대로 적는 것이 중요하다. 몇 년 뒤 어떤 사건으로 이 진술과 보증 조항에서 사실이 아닌 내용이 밝혀지거나, 고의가 아니더라도 실수로 놓친 부분이 거짓으로 드러나면 상당히 곤란한 상황에 부닥칠 수도 있기 때문이다.

진술과 보증에 서술된 내용이 사실이 아닌 것으로 밝혀지면 상환권 및 풋옵션(Put option, 시장 가격에 상관없이 주식을 특정 시점에 특정 가격에 매도할 수 있는 권리), 위약벌(違約罰, 계약 당사자 중 일방이 계약을 위반하는 경우 이로 인해 발생한 손해의 배상과 별개로 의무 위반에 대한 벌칙으로 일정 금액을 지급하기로 약속하는 것) 등 계약서에 명시된 투자자의 권리를 모두 동원해 투자금을 회수하려고 하거나 소송으로까지 이어질 수 있다. 진술과 보증에 서술된 내용을 꼼꼼히 읽어봐야 하는 이유다(하지만 어차피 이런 상황이 도래한다면 단순히 진술과 보증의 위반 외에도 큰 골칫덩어리들이 이미 벌어진 상황일 것이다).

면책(Indemnification)

회사나 주요 주주가 형사상 위법을 저지르거나 민사 사건으로 인해 손해배상을 하게 되더라도 투자자는 이에 대해 직접적인 당사자가 아니며 책임이 없다는 내용을 담은 조항이다. 면책 조항에 대해서도 투자자에게까지 구상권이 청구되기도 하는데, 이 경우 회사와 주요 주주가 투자자의 손해배상을 대신 해 주어야 한다.

관할법원

이해 당사자 간 다툼이 생겼을 때 어느 법원에서 소송을 진행할 것인지 계약서에 명시해 둔다. 창업자와 회사, 투자자가 모두 서울에 있다면 서울에 있는 법원을 지정하면 되겠지만, 소재지가 다른 경우 조금 복잡해진다.

예를 들어 창업자와 회사는 서울에 있지만, 투자자가 미국 델라웨어 회사라면 관할 법원을 서울에 있는 법원으로 지정할지 미국 델라웨어 주에 있는 법원으로 지정할지 정해야 한다.

11

투자받은 다음에는 무엇을 해야 하는가

투자 유치는
새로운 시작이다

드디어 회사 통장에 투자자가 준 '큰돈'이 입금되었다! 창업 이래 이렇게 큰돈이 통장에 찍혀 본 적이 없었고, 또 이게 창업가가 생각한 사업을 실현시켜줄 돈이라 생각하니 무척 감격스러울 테다.

하지만, 잠시 기쁨을 미뤄두고 투자금을 받고 난 다음에는 무슨 일을 해야 하는지 알려줄 테니 우선 이것부터 꼼꼼히 살펴보고 실행해야 한다.

투자금을 받은 후부터 14일 동안

투자계약서에 도장을 찍고 나면, 약 2주 안에 필요한 절차를 거쳐 주금(주식에 대해 입금하는 돈)을 입금받게 된다. 보통 한국에 등록된 벤처캐피털의 경우 은행의 별단 계좌(자금 처리를 위한 보관금 유치 목적의 계정)라는 것을 통해 회사의 계좌로 송금하게 된다.

외국인 투자자의 경우는 좀 더 복잡한데, 투자자가 한국은행에 외국인 투자 신고라는 것을 먼저 해야 하는 절차가 추가적으로 생긴다. 이 절차는 짧게는 며칠에서 길게는 2주 정도 소요될 수 있다.

등기 이전에 회사는 이미 신주 발행과 정관 변경, 새로운 이사 선임을 위한 주주총회와 이사회 등을 진행했을 것이고, 주식청약서와 신정관 등의 문서가 작성되어 있을 것이다. 이런 과정은 법무사와 변호사가 진행해 주는데, 그렇다고 창업자가 방관만 하고 있어서는 안 된다. 익숙하지 않고 어려운 용어가 왔다 갔다 하더라도, 창업자는 최대한 이런 과정이 제대로 진행되고 있는지 감독하고 진행해야 한다. 창업자에게 몰라서 지나갔다는 것은 변명거리도 안 된다.

등기가 완료되면 투자자에게는 '주식미발행확인서*'를 발행해 투자자가 제대로 주식을 취득해서 보유하고 있다는 사실을 알려 주어야 한다(실제로 주식 증권을 발행한 경우는 그 증권을 전달해 주면 된다). 그리고 투자자와 축하 파티를 열어 맛있는 음식과 샴페인을 즐기면 된다. 이제부터 새로운 관계가 시작되었으니 말이다.

첫 번째 이사회

투자 후 보통 1달~1분기 안에 이사회를 개최하게 된다. 정식 안건을 올리고 의결해야 하는 이사회일 수도 있고, 단순히

---

* 주식미발행확인서 : 주식 발행 절차에 작성되는 서류로 소유 관계를 증명하는 것이 목적이다.

사업 현황을 업데이트하는 자리가 될 수도 있다. 두 경우 모두 투자자가 궁금해 할 만한 사업 현황을 자세히 설명하고 질문에 답변해 주어서 투자자와 생각을 맞추는 것이 중요하다.

1시간 정도로 회의 시간을 잡고, 처음에 15~20분 정도 간단한 설명 자료나 프레젠테이션 자료를 활용해 개괄적인 업데이트를 발표한다. 보통 아래 주제를 포함한다.

- 지난달(또는 지난 분기) 매출 현황, 현금 지출, 현재 현금 상황 등 영업과 재무적인 내용
- 고객 유입, 리텐션, 구매율 등 영업에 관한 주요 지표
- 개발 진행 상황, 어려움, 일정 및 향후 로드맵
- 인사 이동, 신규 채용 등(특히 주요 임원의 영입, 퇴사 등과 같은 사항은 좀 더 자세히 설명한다)
- 요청 사항 : 대기업 어느 임원을 소개해 달라든지, 투자자가 도와줄 수 있을 만한 것들을 요청한다.

그리고 자유롭게 이사회 참석자들끼리 질문과 토론을 이어나가면 된다.

투자자와 얼마나 자주 만나야 하나?

투자자마다 다른데, 한 달에 한 번 이사회나 경영간담회를 공식적으로 열어서 회의를 하자는 곳도 있고, 분기에 한 번 하자는 투자자도 있다. 공식적인 회의나 이사회 이외에도 필요한 이슈가 생긴 경우 만날 수도 있다. 중요한 팁 하나는 창업가가 어려운 문제라고 생각되는 경우, 가급적 빠른 시간 안에 투자자와 솔직하게 상담하는 편이 낫다는 것이다. 어떤 경우는 투자자에게 상대적으로 쉬운 문제라서 금방 해결해 주거나 조언을 줄 수 있기 때문이다.

직접 대면하여 만나지 않더라도, 정기적으로 '주주에게 보내는 편지'를 이메일로 보내 커뮤니케이션을 이어나가는 것도 매우 좋은 방법이다. 주주에게 보내는 편지는 앞서 이사회에서 오간 내용들을 간략히 요약하여 보내면 된다. 다음은 주주에게 보내는 편지의 예시문이다.

안녕하세요, 스타트업 OOO입니다.

지난 8월 한 달 동안 주요 업데이트 사항 알려드립니다.
8월 말 현재 현금 5억 5000만 원이 남아 있습니다. 현재 월 지출 비용은 5000만 원 수준입니다. 올해 말까지는 매출이 없을 것으로 예상되며, 기술보증기금과 대출 3억 원을 논의 중입니다.

올해 말에는 제품 출시를 할 수 있을 것으로 기대됩니다. 11월 초 베타 테스트를 진행하고 12월 초 정식 출시 예정입니다. 그 외 고객 관리를 자동화하는 내부관리자 도구도 개발 완료되었습니다. 백엔드를 AWS에서 구글클라우드로 전환 완료하였고, 이를 통해 서버 비용을 30% 가량 절감할 수 있을 것으로 예상합니다.

주요 고객인 온라인 유통사들과 여러 건의 미팅을 진행하였으며, 그중 A와 B 회사가 크리스마스 프로모션을 진행하기로 했습니다. 이를 통해 12월 판매량은 약 2만 대 정도 달성할 수 있을 것으로 기대하고 있습니다. 또 오프라인 유통 매장 200여 곳에서 판매하는 논의를 진행 중이며, 내년 1월 중순부터 오프라인 판매가 가능할 것으로 예상하고 있습니다.

지난달 오프라인 B2B 영업팀장 1명, 개발자 1명, 재무팀장 1명을 채용하였고, 현재 인원 18명(정직원 14명, 인턴 등 계약직 4명)입니다. 현재 백엔드 쪽 개발자 1명을 추가로 채용하고 있습니다. 좋은 사람 있으면 소개 부탁드립니다. 직원들 동기 부여를 위해 내년 초 스톡옵션을 부여할 계획을 가지고 있습니다. 이에 대해서는 다음번 이사회에서 초안을 가지고 말씀드리겠습니다.

오프라인 판매를 위해서 주요 전자제품 유통망을 가진 유통사를 더 많이 만나야 합니다. 국내는 어느 정도 커버리지가 되었으나, 미국 쪽은 아직 진행이 더딥니다. 11월 중에 샌프란시스코 출장이 예정되어 있는데, 이때 애플스토어 담당 매니저와 미팅이 잡혀 있습니다. 그 외 월마트 등 오프라인 유통망을 가진 업체와 연결시켜 주시면 고맙겠습니다.

그 외 주의해야 할 것들

투자가 완료되고 나면 투자계약서를 볼 일이 별로 없다. 꽤 어려운 내용이었지만, 사실 매일매일 경영할 때는 딱히 신경 써야 할 것이 없기도 하다. 가끔 투자자를 만나서 회사 상황을 이야기해 주고, 고민을 상담하다 보면 투자계약서는 점점 기억에서 멀어져 간다. 그래도 괜찮다.

하지만, 그래도 창업가가 신경을 써야 하는 상황이 있다. 자주 있는 일이 아니라서 막상 일이 닥치면 투자계약서를 꺼내 볼 생각을 못 하는 것들이다. 예를 들면 신주식의 발행, 주요 주주 간의 구주 거래, 스톡옵션 발행, 전환사채 발행 등과 같은 지분 희석 요소들, 내부자 거래, 대출, 자회사나 타회사에 대한 출자, 주요(유형·무형) 자산의 매각과 매입, 주요 임원의 채용·선임·해임 등 인사에 관한 사항 등은 그때마다 투자계약서에 어떻게 적혀 있는지 살펴봐야 한다.

사전 동의 사항인지 미리 체크하여서 만약 그렇다고 한다면 동의를 받아두어야 한다. 간단히 이메일로 보고하고 답변만 받아두어도 괜찮은 경우도 있고, 정식으로 공문을 써서 투자회사의 대표나 대표 펀드매니저, 파트너의 정식 서명을 받아두어야 하는 경우도 있다.

창업가의 생각	투자자의 생각
· 투자 유치에 성공했다고 사업에 성공한 건 아니다. 이제 시작이다. 더욱 무거운 책임으로 사업에 임해야 한다. · 투자금은 내 돈이 아니라 투자자의 돈이다. 회사는 내 것이 아니라 우리 모두의 것이다. · 앞으로 투자자와의 커뮤니케이션을 어떻게 하면 잘할 수 있을까?	· 경영진을 믿고 장기적으로 가자. · 회사를 위해 내가 도울 것이 어떤 것이 있을까?

부록

START 투자계약서

START(Standardized Term Agreement for Raise Transactions) 계약서는 스타트업이 엔젤(Angel), 시드(Seed), 프리 시리즈 A(Pre-Series A)의 초기 단계 투자를 유치할 때 사용할 수 있는 한국 최초의 초기 투자용 표준계약서다. 스타트업이 초기 투자를 유치하는 과정에서 겪는 법률상의 어려움과 비용 문제를 해결하고 투자자와 창업자 간에 안정적이고 빠른 투자를 할 수 있도록 도와준다. 이 책에는 보통주 투자계약서를 예시로 수록했으며, 전환우선주 투자계약서 2종은 START 계약서 홈페이지(http://startdocs.500startups.co.kr)에서 다운로드할 수 있다.

[계약서 용어 이해하기]

주요 계약 조건

투자금 납입 전 회사 가치	·당사자들 사이에 합의된 회사의 전체 가치를 투자 전 시점 기준(Pre-money valuation)으로 기재
투자금액	·투자금의 액수를 원화(KRW) 기준으로 기재
납입 전 회사의 총 발행주식총수	·투자가 이루어지기 직전 시점에서 회사가 이미 발행하였거나 추후 발행할 의무를 부담하는 주식 수량 ·이는 '완전 희석원칙 기준(fully-diluted basis)'에 따라 계산되며, 구체적으로 (1) 이미 발행한 주식 수량에 (2) 이미 발행(또는 부여)한 스톡옵션, 전환증권의 행사를 원인으로 추후 발행될 수 있는 주식 수량을 합산한 후, (3) 본건 투자와 관련한 동일 라운드 투자에 있어 회사가 다른 투자자들에게 발행한 주식이 있다면 해당 발행주식의 수량을 제하는 방식으로 산정 ·단순히 이미 발행된 주식 수량만을 기준으로 투자 조건을 정할 경우, 회사가 기존에 발행(또는 부여)하였던 전환증권 또는 스톡옵션이 행사되어 투자자 보유 지분이 예상치 못하게 희석될 위험성이 존재하기 때문에, 이러한 위험의 발생을 막고자 위 완전 희석원칙 기준을 적용하여 회사의 발행주식총수 및 그에 따라 투자자에게 발행되는 주식의 수량을 계산
부여 가능한 스톡옵션의 수	·회사가 투자자의 동의 없이도 소속 임직원 등에게 부여할 수 있는 스톡옵션의 수량으로서, 당사자들 사이에 합의된 수량을 기재하며, 통상 회사 발행주식총수의 10% 정도가 일반적임 ·회사가 위 수량을 초과하여 스톡옵션을 부여하려면 투자자로부터 그에 대한 동의를 받아야 하는 점에 유의

투자자에 대한 발행 주식 수	· 발행 주식의 수량 및 가격은 정수로 결정하여야 하며, 소수점 이하 단위로 정하는 것은 허용되지 않기에, 투자조건의 결정에 있어 회사에 대한 밸류에이션, 투자금액 및 투자자 취득 지분율에 대해 합의한 후 그에 따라 발행 주식의 수량 및 가격을 기계적으로 계산할 경우 그 결과값이 소수점 이하 단위로 나타날 수 있는데, 이러한 경우 해당 결과값이 정수 단위가 되도록 투자금액 등을 조정
본건 주식인수가격	· '투자금 납입 전 회사 가치'를 '납입 전 회사의 총 발행주식총수'로 나누어 얻은 값('납입 전 회사 주식 1주의 가치')을 기재 · 위 계산 결과 값이 소수점 이하 단위로 나타나는 경우 가격을 정수가 되도록 조정

신주의 발행 등

신주 발행 부속서류	· 회사는 신주발행일에 신주발행에 대한 등기절차를 신청하며, 자체적으로 등기절차 처리가 어렵다면 변호사 또는 법무사에게 위 등기 업무의 처리를 의뢰 · 회사는 계약상 의무 이외에도 투자금을 지급받은 날로부터 14일 이내에 해당 사실을 등기하여야 하는 상법상 의무가 있음 · 회사는 위 등기신청과 함께 투자자에게 발행주식에 대한 주권(주권을 발행하지 않는 경우에는 주권미발행확인서)을 교부하고, 신주발행 사실을 반영하여 주주명부 기재를 변경 · 회사가 계약 내용에 따라 스톡옵션(주식매수선택권)을 부여할 수 있는 근거가 존재함을 투자자가 확인할 수 있도록 회사의 법인등기부등본을 교부

신주 발행 부속서류	· 만약 계약체결일 이후에 회사 정관이 변경된 경우, 변경된 회사 정관을 투자자에게 교부
후속투자	· 회사는 본건 신주 발행 이후 투자자의 동의 없이도 일정한 기한 및 최대 투자유치 금액 한도의 범위 내 에서 본건 투자와 동일하거나 보다 높은 밸류에이션 조건으로 제3자로부터 추가적인 투자를 유치할 수 있음

투자의 조건 및 전제사항

선행조건	· 회사가 기존 주주들의 동의를 받지 못하는 등의 사유 로 본건 투자가 불가능하게 되거나, 영업정지 처분을 받는 등의 투자자가 계약 체결 당시 예상하지 못하였 던 중대한 사정변경이 발생하는 경우에도 투자자가 계약에 따른 투자금 납입 의무를 부담하는 것은 부 당한 점에서, 회사가 일정한 조건을 충족한 경우에 투자자에게 투자금 납입 의무를 부담함을 규정하는 조항 · 따라서 본 조에 정한 선행조건이 충족되지 않는 경 우, 회사 및 주요주주는 투자자에게 투자금의 납입을 요구할 수 없음 · 회사와 투자자가 추가적인 조건을 설정하기로 합의 한 경우, 해당 조건의 내용을 마 호 이하에 기재하면 되며, 추가할 조건이 없다면 마 호를 삭제
진술 및 보증	· 각 당사자는 본 조를 통해 자신이 행한 진술의 내용 이 사실이며 정확함을 보증함

진술 및 보증	· 회사 또는 주요주주는 본 조의 진술 내용이 사실이 아니거나 부정확한 부분이 있는 경우 반드시 투자자에게 해당 사항을 통지 · 회사 또는 주요주주가 행한 본 조의 진술 내용이 나중에 사실이 아니거나 부정확한 것으로 밝혀지는 경우, 제13조 제1항에 따라 투자자가 입은 손해를 배상할 책임이 있음

주식 양도 제한

처분 제한	· 주요주주가 임의로 보유 주식을 제3자에게 처분하고 회사에서 EXIT 하는 경우, 주요주주의 경영 참여를 예정하고 회사에 투자한 투자자는 피해를 입게 되므로, 본 조항은 이러한 위험으로부터 투자자를 보호하기 위한 목적에서 규정됨 · 그러나 주요주주의 주식 양도가 완전히 금지되는 것은 아니며, 주요주주는 이하의 우선매수권 및 동반매도권을 투자자에게 보장하는 경우 주식 양도 가능
우선매수권 / 동반매도권	· 주요주주는 투자자에게 자신이 보유한 회사 주식을 매수할 기회를 제3자에 우선하여 부여 · 투자자는 우선매수권을 행사하는 대신 주요주주에 우선하여 보유주식을 제3자에게 매도할 수 있는 동반매도권을 행사할 수 있음 · 투자자 이외에 적법하게 주요주주에 대한 우선매수권/동반매도권을 행사한 다른 주주가 존재하는 경우, 투자자는 보유한 회사 지분의 비율에 비례하여 해당 권리를 행사할 수 있음

회사 운영 관련

투자금의 용도	· 회사 및 주요주주가 투자금을 남용하는 것을 막기 위한 목적의 규정 · 회사 운영자금 용도 이외에 당사자들 사이에 합의된 투자금의 사용 용도(목적)가 있다면 본 조에 해당 용도 또는 목적을 추가 기재 · 투자자의 사전 서면 동의가 있는 경우에는, 투자금을 다른 용도로 사용할 수 있음
동의권	· 회사가 영업에 중대한 영향을 미칠 수 있거나 투자자의 신뢰를 해칠 수 있는 경영상의 의사결정을 함에 있어 사전에 투자자의 동의를 얻도록 함으로써 투자자를 보호하기 위한 조항 · 특히 ICO 등 암호화폐 발행, 판매 행위의 경우 회사의 영업에 중대한 영향을 미칠 수 있는 점에서 본 조에 따라 투자자의 사전 서면동의가 요구됨 · 본 조에 규정되어 있지 않더라도, 회사는 법령 또는 정관에 따라 일정한 사항에 대하여 주주총회 또는 이사회의 승인 절차를 거쳐야 하며, 투자자는 회사의 주주로서 주주총회에서 의결권을 행사할 수 있음
보고의무	· 투자자는 본 조를 통해 회사의 영업현황과 관련한 정보에 접근할 수 있음 · 회사는 투자자가 따로 요청하지 않더라도, 본 조에 정한 기한 내에 해당 자료를 투자자에게 제공

일반 조항

신주인수권 및 배당	· 주주는 법률상 자신의 지분율이 희석되지 않도록 회사의 신주발행 및 인수에 참여할 권리가 있으나, 예외적으로 회사가 기존주주들이 아닌 제3자에게 신주발행을 하는 경우에는 위 권리가 발생하지 않을 수 있음

신주인수권 및 배당	· 본 조는 이러한 제3자에 대한 신주발행의 경우에도 투자자가 지분율을 유지할 수 있도록 신주인수에 참여할 수 있는 권리를 부여하는 조항 · 회사가 유상증자가 아닌 주식배당, 무상증자로 발행주식 수를 늘리는 경우, 투자자는 그 비율에 따라 해당 주식을 무상으로 취득함으로써 지분율을 계속 유지
스톡옵션 (주식매수선택권)	· 주식회사는 상법상 발행주식총수의 10%의 범위 내에서 스톡옵션을 부여할 수 있되, 회사가 벤처기업육성에 관한 특별조치법상 벤처기업으로 등록한 경우 발행주식총수의 50%의 범위 내에서 스톡옵션을 부여할 수 있음 · 회사는 위 법률상 허용되는 범위 내에서 투자자와 합의한 바에 따라 일정 수량의 스톡옵션을 투자자의 별도 동의 없이 소속 임직원 등에게 부여할 수 있음 · 한편 스톡옵션의 부여에 있어 투자자의 동의 여부와 별개로 법률에 따른 제한을 받을 수 있는데, 예를 들어 회사는 스톡옵션을 부여하려면 정관에 관련 내용을 규정하여야 하며, 일정한 법적 요건을 갖춘 자에 대하여만 스톡옵션을 부여할 수 있음
퇴사 및 경업금지	· 투자자는 주요주주가 일정 기간 이상은 회사 업무에 전념할 것을 신뢰하고 투자를 결정하였을 것이므로, 이러한 신뢰를 보호하기 위하여 본 조를 통해 주요주주가 일정 기간 이전에 퇴사하거나 회사에 피해를 입힐 수 있는 경쟁사업에 종사하는 것을 금지
우선매수권 / 동반매도권 위반에 대한 책임	· 주요주주가 투자자에게 우선매수권 또는 동반매도권 행사 기회를 부여하지 않은 채 일방적으로 보유한 주식을 처분할 경우, 투자자는 막대한 피해를 입을 뿐만 아니라 해당 피해를 구제받기도 어렵게 되므로, 본 조에서 이러한 주요주주의 계약 위반에 대하여 무거운 책임을 명확하게 함으로써, 주요주주가 위 계약 위반을 범하지 않도록 규정

계약의 효력 유지 요건	· 투자자가 보유한 회사 주식을 처분하여 지분 비율이 극히 낮아지게 된 경우에도, 회사 또는 주요주주가 투자자에 대해 계약상 의무를 부담하는 것은 불합리 한 점에서, 본 계약의 효력을 유지하기 위한 요건으 로서 투자자가 취득한 주식의 10% 이상을 계속 보유 할 것을 규정 · 다만 동반매도권, 비밀유지 조항은 예외적으로 투자 자의 보유 주식 수와 무관하게 계속 효력을 유지 · 한편 본 계약에 따라 이미 발생한 채권 또는 채무는 본 조에 따라 근거 조항의 효력이 사후적으로 소멸하 더라도 여전히 효력을 유지
비밀유지	· 모든 당사자는 비밀유지의무를 부담하는 점을 유의 할 것
완전합의	· 당사자들 사이에 본 계약서 작성 이전에 투자와 관련 하여 구두로 합의한 사항이 있다고 하더라도, 본 조 에 따라 해당 사항이 위 계약서 내용에 포함되지 않 은 이상 당사자들은 그에 따른 법률관계를 주장할 수 없게 되는 점을 유의할 것
분리가능성	· 본 계약에 규정된 조항 중 일부가 무효가 되더라도, 그밖에 다른 조항의 효력에는 영향을 미치지 않음을 분명히 함
준거법	· 비록 투자자 또는 회사가 외국인이라고 할지라도, 본 계약의 해석 및 분쟁의 해결 등은 대한민국법에 따라 이루어진다는 내용의 조항

[보통주 투자계약서]

회사, 투자자 및 주요주주는 다음과 같은 내용으로 투자계약(이하 "본 계약")을 체결한다.

당사자 및 계약체결일

투자자	[투자자명], [투자자주소 기재] [전화번호], [팩스번호], [이메일]
회사	[회사명], [회사주소 기재] [전화번호], [팩스번호], [이메일]
주요주주	[주요주주(=이해관계인) 성명], [주요주주 주소기재] [전화번호], [팩스번호], [이메일]
계약체결일	[계약체결 연월일 기재]

주요 계약 조건

(a)투자금 납입 전 회사 가치	금 [pre-money valuation 기재]원
(b)투자금액	금 [투자금액 기재]원
(c)납입 전 회사의 총 발행주식수	**총** [회사가 이미 발행한 주식 수 + 부여 가능한 스톡옵션) 또는 다른 전환증권(과거에 발행된 전환우선주식을 포함)의 행사를 통하여 발행될 수 있는 주식 수 – 본건 투자에서 다른 투자자들에게 발행된 주식의 수 기재]주

출처 : 500스타트업, 법무법인 세움

(d)부여 가능한 스톡옵션(주식매수선택권)**의 수**	[투자금 납입일 기준 (c)항의 주식수와 (e)항의 주식수를 합한 전체 회사 발행주식수에 투자자와 회사, 주요주주가 합의한 일정 비율(통상 10%)의 주식수를 기재]
(e)투자자에 대한 발행 주식 수	[투자금액/(투자금 납입 전 회사 가치/납입 전 회사의 총 발행주식 수)로 계산한 숫자 기재, 단 정수이어야 함]주
(f)본건 보통주식의 1주당 인수가격 (이하 "본건 주식인수가격")	금 [(투자금 납입 전 회사 가치/납입 전 회사의 총 발행주식 수)로 계산한 숫자 기재]원

용어의 정의

- "본건 보통주식"이란 본 계약에 따라 회사가 투자자에게 발행하는 보통주식을 말한다.

- "납입"이란 본건 보통주식의 인수를 위해 회사가 지정하는 은행계좌에 투자금을 송금하는 행위를 말한다.

- "납입기일"이란 투자금을 납입하기로 정한 날로서, [특정일자] 또는 당사자들이 별도로 합의한 날을 말한다.

- "거래종결일"이란 본 계약에 따른 투자금의 납입이 실제로 이루어진 날을 말한다.

- "신주발행일"이란 본건 보통주식이 발행되는 날로서, 거래종결일 바로 다음 날을 말한다.

187

계약의 내용

● 제1조 (신주의 발행 및 인수)

1. 투자자는 주요 계약 조건에 기재된 내용에 따라 납입기일에 투자금을 납입하고, 회사는 투자자에게 본건 보통주식을 발행한다.
2. 회사는 신주발행일에 자본증가의 상업등기를 신청하고 다음 각 호의 서류를 투자자에게 교부하여야 한다.
   가. 본 계약에 의한 주주권을 표창하는 주권, 만약 주권이 발행되지 않은 경우에는 주권미발행확인서
   나. 변경된 주주명부
   다. 주식매수선택권 부여에 필요한 근거의 규정 또는 변경이 완료된 상태의 회사 법인등기부등본
   라. (변경이 있는 경우) 거래종결일 기준 변경된 회사 정관
3. 회사는 제8조에도 불구하고 아래 기한 내에는 투자자의 권리를 침해하지 아니하는 범위 내에서 아래 표에 기재된 총 투자금한도 내에서만 본건 주식인수가격 이상의 금액을 발행가액으로 하여 주식을 발행할 수 있다.

기한 [추가 투자 유치 기한 기재] 이내
총 투자금한도 금 [추가 투자가 유치를 통하여 조달가능한 상한 금액을 기재]원 이하

● 제2조 (선행조건)

본 계약에 의한 투자자의 의무는 납입일까지 아래 각 호의 조건이 모두 충족되거나, 일부의 조건이 충족되지 않더라도 투자자가 서면으로 그 충족을 면제하는 것을 선행조건으로 한다.

188

가. 회사 및 주요주주가 본 계약에서 행한 제3조의 진술 및 보증이 납
입일 당시 진실하고 정확할 것

나. 회사 및 주요주주가 본 계약에 따라 납입일' 이전에 이행하였거나
준수하여야 할 모든 약정사항, 합의 및 조건을 이행하고 준수하
였을 것

다. 회사가 본 계약의 이행을 위하여 필요한 이사회, 주주총회 등 관
련 내부 절차를 이행하고, 이를 입증하는 서류를 투자자에게 제
출하였을 것

라. 회사가 제11조의 주식매수선택권 부여를 위해 정관변경이 필요
한 경우 정관변경, 변경등기 등 절차를 이행할 것

마. [기타 투자금 납입 전에 이행하여야 할 의무 기재]

○ 제3조 (진술 및 보증)

1. 회사 및 주요주주는 투자자에게 다음 각 호의 사항이 진실하고 정확
함을 진술 및 보증한다.

가. 계약체결일 및 납입일 기준 회사의 지분 현황은 [별첨. 지분증권
현황]의 기재와 같다.

나. 회사의 발행 주식, 회사가 투자자에게 제공한 재무제표 및 회계서
류는 회사의 자산, 부채, 손익, 현금흐름, 영업결과 및 기타 재무상
태를 중요성의 관점에서 정확하고 공정하게 반영하고 있다.

다. 회사는 본 계약 체결 전에 회사는 사업을 영위하기 위하여 필요한
지적재산권을 유효하고 부담 등이 없는 상태로 단독 보유하고 있
으며, 이러한 지적재산권은 제3자의 권리를 침해하지 않는다.

2. 투자자는 회사에 대하여 다음 각 호의 사항이 진실하고 정확함을 진
술 및 보증한다.

가. 투자자는 본 계약을 체결하고 이행하는데 필요한 모든 법적 권한

을 가지고 있다.

나. 본 계약에 의한 투자자의 인수대금 지급의무는 적법, 유효한 것으로서 집행 가능성 있는 법적 의무이다.

제4조 (주요주주의 주식 처분)

각 주요주주는 투자자의 사전 서면 동의를 얻어 보유하고 있는 회사 주식을 제3자에게 처분할 수 있다. 투자자의 서면 동의가 없을 경우 각 주요주주는 제5조 및 제6조에 따라 보유하고 있는 회사 주식을 제3자에게 처분할 수 있다.

제5조 (우선매수권)

1. 주요주주는 보유하고 있는 회사 주식을 제3자에게 양도하고자 하는 경우, 그와 관련한 주요 양도 조건을 투자자에게 서면으로 통지하여야 한다.

2. 투자자는 제1항의 통지를 받은 날로부터 일십(10)영업일 이내에 주요주주에 대한 우선매수권 행사 통지를 통하여 대상 주식을 위 통지된 것과 동일한 조건으로 제3자에 우선하여 매수할 수 있다. 투자자 이외에 적법하게 우선매수권을 행사하는 자가 존재하는 경우, 투자자는 다른 행사자들과 함께 보유한 회사 지분율에 비례하여 우선매수권을 행사할 수 있다.

3. 투자자가 제1항의 통지를 수령한 후 일십(10)영업일 이내에 본 조의 우선매수권 또는 제6조의 동반매도권을 행사하지 아니하는 경우 주요주주는 제3자에게 보유하고 있는 회사 주식을 양도할 수 있다. 다만, 이 경우 양도 조건은 투자자에게 통지된 조건보다 제3자인 양수인에게 유리하여서는 아니 된다.

● 제6조 (동반매도권)

1. 투자자는 제5조 제1항의 서면 통지를 받은 날로부터 일십(10)영업일 이내에 주요주주에 대한 동반매도권 행사 통지를 통하여 주요주주와 동일한 조건으로 제3자에 대한 회사 주식 양도에 함께 참여할 수 있다. 투자자 이외에 적법하게 동반매도권을 행사하는 자가 존재하는 경우, 투자자는 다른 행사자들과 함께 보유한 회사 지분율에 비례하여 동반매도권을 행사할 수 있다.

2. 투자자가 동반매도권을 행사하는 경우, 투자자가 제1항에 따라 동반매도권을 행사할 수 있는 수량의 회사 주식 매도가 완료되지 않는 이상 주요주주는 보유 회사 주식을 처분할 수 없다.

● 제7조 (투자금의 용도 및 제한)

회사는 투자자의 별도 사전 서면 동의 없이는 투자자가 본건 보통주식 인수대금으로 납입한 자금을 회사 운영자금의 용도로만 사용하여야 한다.

● 제8조 (투자자의 동의권)

회사는 다음 각 호의 사항을 결의하고자 하는 경우 그 결의일 이전까지 투자자로부터 그에 대한 사전 서면 동의를 얻어야 한다.

　가. 본건 주식인수가격보다 낮은 가격으로 주식 및/또는 주식연계증권을 발행

　나. 회사 사업의 전부 또는 일부의 중단 또는 포기, 영업양수도, 합병 또는 분할 기타 회사조직의 근본적인 변경

　다. 회사의 주요 유형 또는 무형 자산(지적재산권 등)의 매각, 임대 등 처분행위

　라. 회사의 주주, 이사, 감사 또는 주요 경영진 및 이들의 특수관계인과의 거래 또는 계약 체결(단, 용역계약, 고용계약 또는 회사의 임

직원이 통상적인 영업과정에서 체결 및 이행하는 그와 유사한 계
약 또는 거래는 제외함)

마. 회사 또는 다음의 각 법인(설립지가 국내 또는 국외인 경우를 모
두 포함한다)에 의한 (i) 암호화폐의 발행 또는 최초 매각(ICO, 토
큰 제네레이션 이벤트, 토큰 런치 기타 그 용어를 불문하고 암호
화폐를 매수인에게 최초로 매각하는 일체의 행위를 의미한다. 위
발행 또는 최초매각을 포함하여 이하 "발행 등"이라 한다) 또는
(ii) 위 발행 등을 목적으로 하는 법인의 설립

1) 회사의 자회사(상법 제342조의 2에 따른 자회사를 의미한다)
2) 회사의 계열회사(독점규제 및 공정거래에 관한 법률 제2조에
따른 계열회사를 의미한다)
3) 암호화폐 매각을 통하여 발생한 수익을 서비스 수수료 또는 이
익분배의 형태로 지급하거나 또는 지급받기로 회사와 약정한
법인
4) 회사의 주요 주주 또는 임원이 설립에 참여한 법인(재단법인,
사단법인, 회사 등을 포함하며 이에 한정되지 아니한다)으로서
회사의 사업과 관련된 암호화폐의 발행 등을 실제로 행하는
법인

바. 기타 회사의 운영에 중대한 영향을 미치는 사항

● 제9조 (보고 및 자료제출)

회사는 다음 각 호에 따라 투자자에게 회사와 관련한 자료를 제출하여야
한다.

가. 재무제표(재무상태표, 손익계산서) 및 합계잔액시산표 : 매 회계
연도 종료일로부터 사십오(45)일 이내에 제출
나. 반기보고서 : 매 반기 종료일로부터 삼십(30)일 이내에 제출

다. 분기보고서 : 매 분기 종료일로부터 삼십(30)일 이내에 제출

● 제10조 (신주인수권 및 배당)

1. 투자자는 회사가 주주 배정 방식 또는 제3자 배정방식으로 주식을 발행할 경우 지분 비율에 따라 신주를 인수할 권리를 가진다.
2. 본건 보통주식의 발행 이후 주식배당, 무상증자로 인하여 발행주식 수가 증가하는 경우, 회사는 투자자에게 본건 보통주식과 동일한 조건 및 종류의 보통주식을 그 비율에 따라 무상으로 지급한다.

● 제11조 (주식매수선택권의 부여)

회사는 이미 부여되었거나 발행된 것을 포함하여 그 행사로 인하여 발행될 수 있는 주식 수량이 본 계약의 주요 계약조건에 규정된 수량 이하인 한도 내에서, 회사 경영 및 기술개발 등 사업 전반에 기여하였거나, 기여할 능력을 갖춘 임직원에 대하여 신주발행교부의 방식으로 주식매수선택권을 부여할 수 있다. 위 한도 수량을 초과하여 주식매수선택권을 부여하고자 하는 경우 회사는 투자자로부터 그에 대한 사전 서면 동의를 받아야 한다.

● 제12조 (퇴사 금지 및 경업금지 의무)

1. 주요주주는 본 계약 체결 후 [1]년간 회사에서 상근으로 근무하지 아니하거나 퇴사하여서는 아니된다.
2. 주요주주는 본 계약 체결 후 [3]년간 회사의 영업과 경쟁관계에 있는 회사의 임직원으로 근무하거나 지분을 취득하여서는 아니된다.

● 제13조 (회사 및 주요주주의 책임)

1. 회사 또는 주요주주는 본 계약과 관련하여 각자가 행한 진술 및 보증

이 사실과 다르거나 자신이 본 계약상의 의무를 위반함으로 인하여 투자자가 입은 손해를 배상하여야 한다.

2. 제1항에도 불구하고 주요주주가 제4조 내지 제6조를 위반한 경우, 주요주주는 (i) 투자금액 또는 (ii) 제4조 내지 제6조를 위반하여 취득한 주식처분가액 중 큰 금액을 손해배상예정액으로 투자자에게 배상하여야 한다.

● 제14조 (계약의 효력 유지 요건)

본 계약을 통해 규정된 조항들은 투자자가 본 계약을 통해 인수한 본건 보통주식 수량의 10% 이상을 계속 보유하고 있는 동안에만 그 효력을 유지하며, 투자자의 보유 수량이 위 10%에 미달하게 되는 경우 그 즉시 효력을 상실한다. 단, 제6조(동반매도권), 제15조(비밀유지)는 투자자의 본건 보통주식 보유 수량과 무관하게 효력을 유지하며, 본 조는 이미 발생한 채권 또는 채무 등 법률관계에 대하여는 영향을 미치지 아니한다.

● 제15조 (비밀유지)

본 계약의 어느 당사자도, 다음의 어느 하나의 사유에 해당하는 경우를 제외하고는, 본 계약의 체결 및/또는 이행, 본 계약의 조건 등에 관한 내용을 공개, 누설하거나 또는 공개되도록 하여서는 아니 된다.

1. 본 계약의 조건을 이행하고 효력을 발생시키는데 필요한 합리적인 범위 내에서 공개하는 경우(단, 공개하는 당사자는 사전에 상대방 당사자에게 통지하여야 함)
2. 법령의 규정 또는 정부기관의 요구에 의하여 답변하여야 하는 경우(다만 답변하는 당사자는 사전에 상대방 당사자에게 통지하여야 함)
3. 당해 당사자의 귀책사유 없이 대중에게 알려진 정보인 경우
4. 기타 상대방 당사자로부터 사전 서면에 의한 동의를 얻은 경우

○ 제16조 (완전합의)

본 계약은 당사자들 사이의 완전한 합의를 구성하며, 당사자들 사이의 서면 또는 구두 약정이나 합의를 대체한다.

○ 제17조 (분리가능성)

본 계약 중 어느 규정이 법원에 의하여 위법, 무효 또는 집행 불가능 하다고 선언될 경우에도, 이는 본 계약의 나머지 규정의 유효성에 영향을 미치지 아니한다.

○ 제18조 (준거법)

본 계약 그리고 이로부터 또는 이와 관련하여 발생하는 모든 분쟁은 대한민국 법령에 의하여 규율, 해석 및 집행된다.

본 계약의 성립을 증명하기 위하여 당사자들은 본 계약서를 3부 작성하고, 계약체결일에 서명 또는 기명 날인한 후 당사자들이 각 1부를 보관하기로 한다.

회사 :　　　　[회사명 기재]

　　　　　　　[대표이사 또는 사내이사의 이름 및 직책 기재] (인)

투자자 :　　　[투자자 이름 기재]

　　　　　　　[투자자 회사의 대표의 이름 및 직책 기재] (인)

주요주주 :　　[주요주주 이름 기재]

　　　　　　　_____ (인)

* 지분증권 현황을 별첨할 것

나는 이런 창업가에 투자한다

스타트업이 반드시 알아야 할 9가지 투자 유치 노하우

초판 1쇄 2019년 7월 13일

지은이 임정민

발행인 이상언
제작총괄 이정아
편집장 조한별
편집 최민경, 심보경
표지·본문디자인 김기연
표·조판 변바희, 김미연
마케팅 김주희, 이선행
진행 양혜은

발행처 중앙일보플러스(주)
주소 (04517) 서울시 중구 통일로 86 4층
등록 2008년 1월 25일 제2014-000178호
판매 1588-0950
제작 (02) 6416-3950
홈페이지 jbooks.joins.com
네이버 포스트 post.naver.com/joongangbooks

ⓒ 폴인, 2019
ISBN 978-89-278-1022-3 03320

'폴인이 만든 책'은 중앙일보플러스(주)가 온라인 플랫폼 폴인과 함께 만든
경제경영서 브랜드입니다.